Helga Fritzsche

Les plantes médicinales et condimentaires au jardin

49 photos en couleurs
14 dessins

Traduit de l'allemand par Alice Geiger.

EDITIONS
EUGEN
ULMER

Dessins de Helmuth Flubacher, Claudia Hosslin, Gisele Tambour
Photo de couverture : Livèche en fleurs (*Levisticum officinale*)
Photo page 2 : Jardin de simples et de légumes, en agréable mélange

L'édition originale de cet ouvrage a été publiée
en allemand par Eugen Ulmer GmbH & Co.
Titre original de l'œuvre :
Heil-und Gewürzkräuter aus dem eigenen Garten
de Helga Fritzsche
2e édition revue et corrigée
1re édition parue sous le titre : **Der Kräutergarten**

ISBN 3-8001-6817-0

Wollgrasweg 41, 7000 Stuttgart (Hohenheim)
Traduction de l'allemand : Alice Geiger
Lectorat : Elda von Korff Kerssenbrock
Composition : A.G.E. 92350 Le Plessis-Robinson
Impression et reliure : Georg Appl, Wemding
ARTS GRAPHIQUES EUROPÉENS
92350 Le Plessis-Robinson

Préface

Le Seigneur fait pousser les remèdes
de la terre,
et le Sage
ne les dédaigne pas. La Bible

La connaissance de l'action curative de certaines plantes est aussi ancienne que l'humanité. Tous les anciens peuples civilisés nous en ont transmis des informations.

A côté des plantes originaires de nos régions, d'autres, venues des régions méditerranéennes, ont pris de l'importance chez nous, jusqu'à aujourd'hui. Après avoir d'abord profité des expériences de l'Antiquité, ce sont avant tout les moines qui ont rassemblé les éléments d'une nouvelle science. Je ne citerai à preuve que Sainte Hildegarde. Plus tard, ce sont des médecins et des savants laïcs qui ont étudié de plus près l'action des plantes connues pour leur efficacité et les substances qu'elles contiennent. Le résultat est qu'elles ont gardé leur importance jusqu'à nos jours aussi bien dans la médecine officielle que dans l'homéopathie ou la médecine populaire. Préparées ou dosées sur ordonnance, elles sont une aide réelle, sans réactions secondaires négatives.

Cependant, je voudrais mettre en garde contre une utilisation individuelle inconséquente. En cas de fortes douleurs, ou d'autres troubles persistants, ne faites rien sans l'avis de votre médecin, comme en chaque cas d'incertitude. Il décidera si ce genre de médecine familiale suffit, ou si d'autres médicaments plus forts pourraient mieux vous aider.

Les 36 plantes médicinales et condimentaires recensées dans ce livre peuvent ''être cultivées au jardin''. Et si vous vous procurez des semences ou des plantes chez un spécialiste, vous n'avez pas besoin d'avoir peur des confusions dangereuses au moment de la récolte et de l'utilisation.

Le mieux est de vous informer tout d'abord sur les utilisations possibles grâce au tableau de la page 8 et suivantes ''Plantes médicinales et condimentaires. Aide-mémoire''. Vous trouverez des indications plus précises concernant la culture, la récolte, la préparation et l'utilisation des plantes, à partir de la page 42, par ordre alphabétique. Comme les noms latins (botaniques) sont les plus précis, nous les avons cités à côté du nom français le plus connu. Je connais presque toutes les plantes médicinales de ce livre pour les avoir cultivées moi-même. Et j'en connais de nombreuses utilisations depuis mon enfance, parce que ma mère, qui avait une bonne connaissance des plantes, nous a souvent soignées grâce à elles. C'est pourquoi, j'ai avec ce sujet, une relation toute particulière que j'espère vous pourrez aussi développer (ou retrouver !).

Je termine en exprimant ma reconnaissance à Monsieur Bomme de Weihenstephan, pour ses aimables renseignements, ainsi qu'au comité de lecture, aux photographes et à la maison d'édition pour leur bonne collaboration !

Helga Fritzsche

Table des matières

Les plantes médicinales et condimentaires Aide-mémoire

Nom des plantes	Pages	Aide en cas de	Autres utilisations possibles
Absinthe	118	flatulences, impression de pesanteur, troubles biliaires, absence de forces de défense, manque d'appétit, vers, rhumatismes	épice pour viande grasse, produit phytosanitaire biologique
Achillée millefeuille	106	troubles gastriques, biliaires et intestinaux, manque d'appétit, menstruations douloureuses, petites blessures	épice fleurs à couper
Ail	73	flatulences, tension artérielle élevée, troubles biliaires, constriction vasculaire, en particulier aux jambes, au fond de l'orbite oculaire, au cerveau ; mauvaise circulation du sang, bronchite, différents problèmes cutanés	épice, produit phytosanitaire biologique
Argousier	103	refroidissement, maladies fébriles, états de faiblesse, manque de vitamine C	sirop, tarte
Armoise	49	embarras gastrique et intestinal, affections biliaires, diarrhée	épice, combat les mouches à l'étable
Arnica	44	claquage musculaire, contusion, petites plaies guérissant mal, inflammations de la bouche et du pharynx, rhumatismes, névralgies et migraines	fleurs de plate-bande, fleurs à couper
Aurone	53	manque d'appétit, affections biliaires, hépatiques et intestinales légères, flatulences	épice, verdure à couper
Camomille (vraie)	68	embarras gastriques, troubles gastriques nerveux, gastrite, refroidissements, inflammations	soins du corps et cheveux, diarrhées chez les animaux domestiques.

Nom des plantes	Pages	Aide en cas de	Autres utilisations possibles
Capucine	70	manque de vitamines C, fatigue de printemps, inflammations des voies urinaires et des bronches, petites blessures fraîches	épice, fausses câpres, moyen phytosanitaire biologique, fleurs à couper
Carotte	84	difficultés d'alimentation des nourrissons, manque de vitamine A, estomac sensible, vers	à manger crue, légume, masque facial
Cassis	64	rhumatismes, arthrite, refroidissements, inflammations de la bouche et du pharynx, enrouement, diarrhée	boissons chaudes, confitures, compote, yaourt au cassis, liqueur
Cochléaria	79	manque d'appétit, manque de vitamine C, troubles hépatiques, constipation, rhumatismes, arthrite, fatigue de printemps	épice
Eglantier (cynorhodon)	93	infections, danger de contagion, faiblesse après maladie, manque de vitamine C, manque d'appétit	confiture, compote, crème, soufflé, sauce, cocktail, liqueur
Fraise Fraise des bois	57	troubles gastriques, inflammations des muqueuses, affections hépatiques et biliaires, diarrhée	masque facial, sangria, vin
Guimauve	55	douleurs gastriques, affections intestinales, toux, asthme chronique, pneumoconiose, emphysème, inflammations de la bouche, des gencives, du pharynx, blessures de la peau	
Lavande	75	nervosité, états de tension, troubles gastriques et intestinaux nerveux, dystonie végétative	bains, coussins parfumés, produit phytosanitaire biologique

Nom des plantes	Pages	Aide en cas de	Autres utilisations possibles
Livèche	77	affections urinaires et rénales, troubles gastriques dus à une faiblesse de la digestion, rhumatismes, arthrite, troubles de menstruation, migraines	épice
Mélisse	82	nervosité, troubles du sommeil, troubles gastriques, intestinaux et cardiaques, épuisement	épice
Menthe poivrée	86	troubles gastriques avec nausées, troubles biliaires, migraines	épice, sauce, liqueur, lait de menthe poivrée
Millepertuis	66	nervosité, formes de dépression, faiblesse de la circulation, troubles biliaires, constipation, entorses, foulures, hémorragies	
Pensée des champs	43	gourme, acné, peau sensible	
Petite centaurée	111	manque d'appétit, faiblesse de la digestion, affections biliaires, états d'épuisement	
Prunellier	107	légère constipation, œdèmes, manque d'appétit	liqueur de prunelle, compote de prunelle
Radis	88	inflammations des voies biliaires, formation de calculs, foie ayant besoin de ménagements	salade, yaourt au radis, masque contre les taches de rousseur
Raifort	80	toux, rhumatismes, manque de vitamine A, œdèmes, affections urinaires et rénales, absence de forces de défense	épice
Romarin	99	états d'épuisement, tension basse, mauvaise circulation du sang, œdèmes	épice

Nom des plantes	Pages	Aide en cas de	Autres utilisations possibles
Rose centfeuilles	97	légères diarrhées, inflammation des muqueuses buccales, blessures guérissant mal	sucre et liqueur de rose, vinaigre de rose contre la transpiration
Rose trémière	109	toux sèche, enrouement, diarrhées, troubles gastriques, inflammations de la bouche, du pharynx	
Sarriette	51	flatulences, manque d'appétit, diarrhées avec phénomènes de fermentation, toux, glaires	épice
Sauge	101	troubles gastriques, soins de la peau, transpiration excessive, inflammation du pharynx	épice, produit phytosanitaire biologique
Souci	91	affections biliaires, blessures guérissant mal, inflammations, foulures, ulcères	nettoyage du visage, moyen biologique contre les parasites
Sureau	61	asthme, rhumatismes, refroidissements avec fièvre (aussi comme préventif)	eau de fleurs pour le visage, gâteaux, champagne, eau-de-vie
Thym	113	troubles spasmodiques de la digestion, diarrhée, bronchite, rhume	épice, produit phytosanitaire
Valériane	47	insomnie, nervosité	
Verge d'or	59	inflammations des reins et de la vessie, douleurs en urinant, maladies de la peau, affections hépatiques, œdèmes	fleurs à couper
Violette	115	bronchite, coqueluche, inflammation de la gorge, impuretés de la peau	punch et vinaigre de violette, fleurs à couper

Le bon emplacement

Ce coin de jardin destiné aux simples a aussi son charme, malgré son apparence un peu sauvage

Nous évitons de cultiver les plantes à proximité immédiate de routes très fréquentées (les gaz d'échappement !), afin qu'elles restent le plus possible épargnées par les retombées polluantes. La culture sous film plastique et en petite serre offre une protection supplémentaire contre les agents toxiques contenus dans la poussière et dans la pluie.

Un petit jardin de plantes, pour vos remèdes et vos tisanes

Peut-être avez-vous de la place dans votre jardin pour un petit jardin spécial. La proximité immédiate de la maison est pratique, mais ce n'est pas indispensable. Il est plus important d'avoir un bon ensoleillement, un endroit protégé du vent, un sol meuble, bien enrichi en compost (voir p. 17).

La plupart du temps, le petit jardin se compose de plusieurs plates-bandes séparées par des allées de 25 à 30 cm de largeur, ce qui évite de faire des acrobaties pour soigner et récolter les plantes. Si l'on a posé des dalles sur les chemins, on peut aller chercher des plantes condimentaires le pied sec, même par temps de pluie. On prendra l'esquisse de la p. 14 comme exemple ou suggestion.

Les possesseurs d'un tout petit jardin pourront opter peut-être pour une plate-bande en longueur le long de la clôture. Elle ne doit pas avoir plus de 60 à 80 cm de largeur pour qu'on puisse y travailler à partir du chemin. Essayez donc de voir jusqu'à quelle distance vous pouvez étendre le bras sans problème. Les plantes qui poussent en hauteur forment une bordure très décorative le long de la clôture.

Les simples au potager

Quelques plantes médicinales sont connues avant tout en tant que légumes, et on les cultive avec d'autres légumes : les carottes, les radis, l'ail, le raifort. On inclue même, la plupart du temps les fraises dans la rotation des cultures au potager, ou bien on les cultive en association avec d'autres plantes. Pour cela, il faut savoir qui s'entend avec qui, car toutes les combinaisons ne sont pas heureuses :

– Les **carottes** vont bien avec l'aneth, les petits pois, l'ail, les poireaux, les blettes, la salade, les salsifis, les haricots nains, les oignons, les radis raves et les radis rouges.

– Les **radis raves** aiment bien les haricots nains et à rames, la chicorée, les petits pois, les carottes, les choux, les poireaux, les blettes, le persil, la salade à cueillir, la laitue, le céleri, les épinards, l'ail, les capucines et le cresson.

– L'**ail** va bien avec les fraises, les concombres, les carottes, les betteraves rouges, les tomates.

– Le **raifort** va bien avec les pommes de terre nouvelles et les autres pommes de terre.

– Les **fraises** aiment bien les oignons, les poireaux, la moutarde, l'ail, la laitue, les petits radis, les haricots, les épinards.

Les combinaises malheureuses sont :

– Les **radis raves** et les concombres.

– L'**ail** et les haricots, les petits pois, les choux.

On réalise les **cultures associées** dans la même planche sous forme de rangées voisines. Les influences positives sont dues à une stimulation réciproque de la croissance grâce à certaines sécrétions, à une protection mutuelle contre les parasites et les maladies, à une ombre régulière, et

Voici une exemple d'aménagement et de culture dans un jardin de simples. Si vous préférez concrétiser vos propres idées, votre imagination n'aura comme limites que les exigences des plantes et la place dont vous disposez.

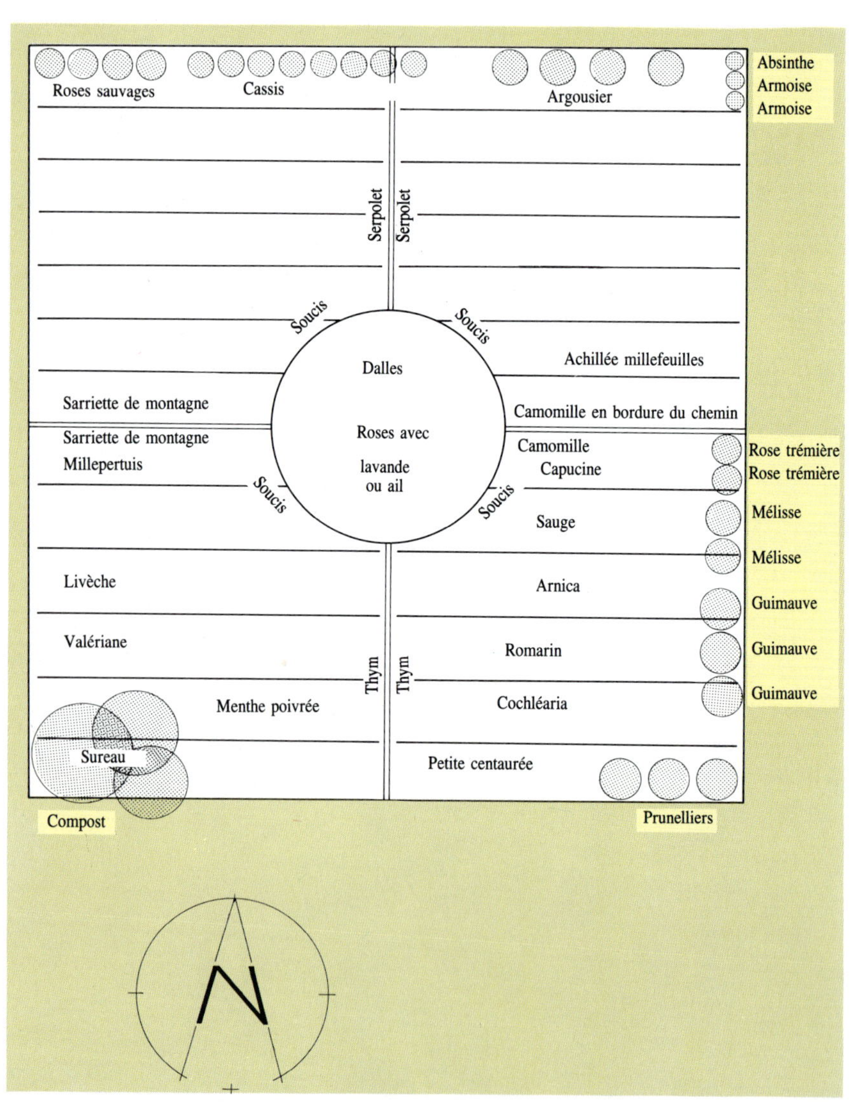

ainsi à une vivification de la vie du sol si importante (voir p. 18), à une meilleure utilisation, et plus régulière, des substances nutritives à disposition grâce aux espèces à raciner à fleur de terre ou à racines profondes, qui ont des besoins différents.

Les plantes médicinales au verger

Les cassis, l'argousier et le sureau (dont il existe des formes cultivées, voir p. 61) se trouvent souvent près d'autres arbres fruitiers, mais on peut aussi les planter le long de la clôture en respectant les distances réglementaires (à demander aux services municipaux).

Les simples entre les plantes vivaces et les arbustes

Pour cela, il y a la guimauve, le millepertuis, l'arnica, les violettes, l'achillée millefeuille, la sauge, l'hysope, la menthe poivrée, les fleurs annuelles et, pour mettre de la couleur entre les planches, les capucines et les soucis.

Les roses sauvages, on les plante sous forme de haies poussant librement, ou bien en groupe, entre autres ligneux. Les roses cent-feuilles et les roses de Provins, on les met au bord de l'allée centrale (à cause de leur parfum !), le long de la clôture ou bien au bout d'une belle perspective entre des plantes vivaces basses.

Il est important de laisser des espaces suffisants entre les plantes pour pouvoir les récolter facilement, sans crainte d'abîmer les branches ou les fleurs. Les dalles aident à protéger la structure du sol.

Les simples sur le balcon et la terrasse

Différentes plantes médicinales, condimentaires et aussi des herbes à tisanes, peuvent pousser dans des pots, des caisses ou des bacs sur le balcon et sur la terrasse. Vous devriez prévoir différents récipients, les uns pour les plantes annuelles et les autres pour les plantes persistantes. Devant, on place les plantes de petite taille, et derrière, celles qui poussent en hauteur. Et les quelques plantes qui ont besoin d'un peu d'ombre, on ne les met pas à côté des "adorateurs du soleil".

Conditions pour avoir de bonnes récoltes

L'expression "bonne récolte" se réfère à la qualité et à la quantité des substances désirées autant qu'à la quantité de plantes récoltées. On ne peut réussir vraiment que si l'on procède avec justesse à la plantation et aux soins, et si l'on renonce aux poisons de toutes sortes. Nous voulons bien récolter des plantes qui guérissent, n'est-ce-pas ? Dans ce qui suit, vous trouverez des indications fondamentales. La spécificité de chaque espèce est traitée dans les portraits individuels des différentes plantes médicinales (à partir de la p. 43).

La lumière

La photosynthèse

Aucune plante ne peut vivre sans lumière. Leur processus principal de vie, la photosynthèse (= assimilation), produit la formation de glucose et d'oxygène dans les parties vertes (les feuilles) à partir de l'eau contenue dans chaque cellule vivante et de l'anhydride carbonique (CO^2) de l'air, et ce, avec l'aide de la lumière du soleil. Sans cet oxygène donné à l'air, toute vie humaine et animale (respiration) serait impossible. La photosynthèse est donc, aussi pour notre vie, le processus le plus important. Les plantes ne consomment, au cours de leur respiration, qu'une petite partie de l'oxygène produit.

La constitution des substances végétales

Les plantes absorbent, avec leurs racines, des substances anorganiques comme le potassium, la chaux, le phosphore, l'azote, le magnésium. Elles transforment en amidon une partie du glucose traité, mais travaillent le reste, avec les substances anorganiques (minérales), en le restituant en protéines, lipides, acides, substances aromatiques et autres. Les plantes ne peuvent exister que si la photosynthèse, avec tous ses processus de transformation, peut avoir lieu plusieurs heures par jour, sans perturbation. Ce n'est qu'à cette condition que

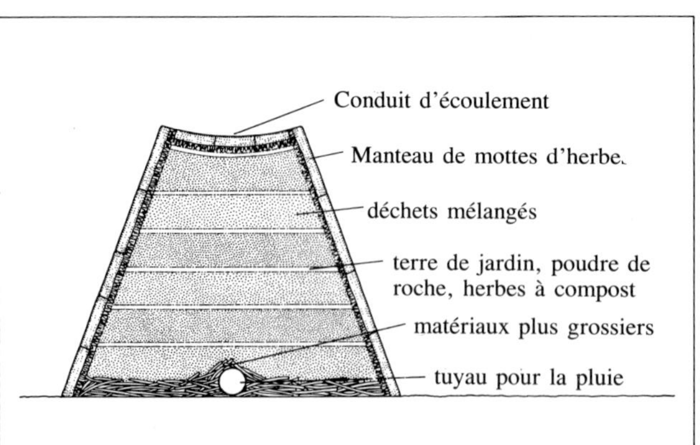

Les tas de compost ont leur place dans des jardins assez grands. Empiler les déchets frais de façon juste (voir l'image) et les retourner une fois, lorsqu'ils se sont tassés.

les fleurs, les fruits, les semences et tous les principes actifs spécifiques peuvent se développer.

L'emplacement par rapport à la lumière

Sans un bon éclairage, rien ne va plus. Mais, même des plantes qui aiment beaucoup le soleil, n'apprécient pas du tout, la plupart du temps, de se trouver dans des pots, sur la terrasse ou sur le balcon, exposées au soleil de midi, en plein milieu de l'été.

Les mêmes végétaux, plantés dans le jardin, supportent bien le soleil du sud, car, ici, ils n'ont pas à craindre les congestions dues à la chaleur, la réserve d'eau dans les profondeurs fraîches du sol, étant plus importante. La plupart des plantes médicinales ont besoin du plein soleil. Quelques espèces poussent mieux dans des endroits à demi-ombragés et un petit nombre d'entre elles se contentent aussi bien d'emplacements ensoleillés que d'emplacements ombragés.

A la maison, même devant une fenêtre, le manque de lumière est un problème. Les plantes s'allongent, se courbent et s'amincissent. Leur donner un éclairage complémentaire avec des lampes spéciales, 10 à 12 heures par jour peut les aider un peu. C'est pourquoi il est mieux de faire pousser les plantes médicinales sur couche (ou de petites serres) ou bien d'acheter des replants vigoureux. Les plantes "adultes" non plus, ne poussent pas à l'intérieur, mais peuvent, en cas de besoin, être placées dehors dans des jardinières.

Le sol

La plupart des plantes médicinales mentionnées dans ce livre poussent dans une terre de jardin normale. Sous le terme "normale", j'entends une terre moyennement lourde, sans compressions qui concentrent l'humidité, sous la zone travaillée. Pas un sol très sableux (léger), qui se dessèche trop vite et ne peut pas retenir les éléments nutritifs, ni un argile lourd, qui se refroidit vite et contient trop peu d'air. Les sols de ce genre, qui sont tout à fait impropres à la culture, on doit d'abord les rendre "cultivables" en y apportant de l'argile, de la bentonite et de l'humus (en cas de terre légère), du sable et de l'humus (en cas de terre argileuse). Le meilleur humus pour le jardin, est le compost préparé par soi-même ; c'est en même temps un produit recyclé important.

Le compost

Il se forme à partir de déchets de jardin et de cuisine sains, dégradables et bien mélangés. Des bouts de branches hâchés menus, des excréments de volailles, de lapins et de bovins sont des compléments précieux. Bien préparé, le compost n'a presque pas d'odeur et ne gêne pas les voisins. Pour cela, on mélange le plus possible les déchets de cuisine avec ceux du jardin et on les recouvre toujours avec de la terre. Afin qu'aucun déchet dégradable ne se perde, mettez donc deux seaux dans la cuisine, l'un pour les déchets ordinaires, l'autre pour le compost. Chez nous, cela a fait ses preuves.

Les tas de compost ont besoin de relativement beaucoup de place ; il faut avoir, pour les deux tas nécessaires, 2 x 4 m². Ils peuvent avoir 1,20 m de hauteur et peuvent se rétrécir légèrement vers le haut (voir l'illustration p. 16). Il faut mélanger les matériaux plus fins avec les plus gros

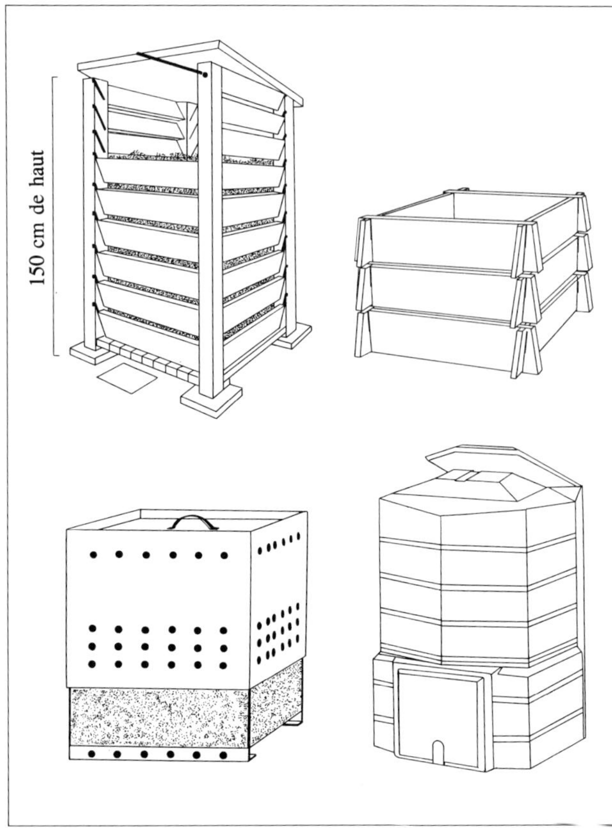

**Le commerce spécialisé offre plusieurs sortes de silos.
En haut, à gauche : silo à lamelles.
En haut à droite : silo à compost en plaques de ciment.
En bas, à droite : récipient à compost thermique, dans lequel les déchets se décomposent rapidement.
Il existe, en outre, des sacs à bio-composteurs, dans lesquels les déchets se transforment en terre rapidement.**

siers, et couper les longues tiges en morceaux de la longueur d'une main environ. Il faut saupoudrer chaque couche, d'environ 25 cm de hauteur, d'un peu de terre (compost), d'un petit peu de chaux carbonique et d'un accélérateur de compost.

Dans des petits jardins cela stimule la vivification et la transformation en terre. Il serait mieux de mettre des silos à compost. On peut trouver différents modèles dans le commerce ou bien construire quelque chose soi-même (voir l'illustration ci-dessus). Ils ont un aspect correct et donnent de bons résultats. On les remplit comme le tas de compost, selon la hauteur du silo.

Au bout d'un an, les déchets décomposés sont renversés – dans le deuxième silo ou à côté du premier tas – et on mélange tout de nouveau, ce qui était en haut vient en-dessous et vice versa. Après une autre demi-année ou même une année entière, au printemps, vous pouvez tout répandre sur les planches en ratissant ! Pour les semis, le compost doit être fin, c'est pourquoi il faut le tamiser avant de le répandre. Le reste est répandu entre le compost fraîchement étalé.

La vie du sol

On désigne par ''vie du sol'' la totalité des

organismes plus ou moins petits, vivant dans la terre et dans le compost, qui est encore plus fortement habité. Dans le cas le plus heureux, leur nombre s'équilibre, à cause de la concurrence pour l'espace et la nourriture, et par le fait qu'ils mangent et sont mangés.

Il n'y a, ainsi, pas vraiment de dégâts pour ces plantes. Mais même, de toutes façons, les êtres vivants du sol "travaillent pour nous". Les vers de terre enrichissent le sol avec des minéraux ramenés des couches plus profondes du sol, ameublissent le sol, hachent en petits morceaux les restes plus ou moins gros de plantes et d'animaux, digèrent les parties de plantes malades et redonnent un humus sain. Les bactéries et les actinomycètes rendent assimilables par les plantes les combinaisons avec le phosphore et le fer et extirpent les agents antibiotiques. De nombreuses bactéries combinent l'azote de l'air en symbiose avec les plantes (par exemple les papilionacées), ce qui profite aussi à ces dernières. Les bactéries et les algues contenant de la chlorophylle peuvent faire cela d'elles-mêmes.

Les bactéries, les actinomycètes et les champignons participent à la construction et à la stabilisation de la structure grumeleuse de la terre. Ils emmagasinent de l'humidité et assurent une place suffisante pour la circulation de l'air et la respiration des racines. Ils forment le sol "idéal".

Les soins du sol

Nous pouvons stimuler la vie du sol et la structure grumeleuse aussi par des mesures appropriées. Nous recouvrons le sol de feuillages, de feuilles de légumes, de mauvaises herbes qui ne sont pas encore en fleurs, de tonte de pelouse, d'écorces hachées menu ou d'un film de mulch, nous semons de l'engrais vert, faisons des cultures associées (voir p. 12) et, si nécessaire, nous ameublissons superficiellement avec une binette et un croc. On ne marche pas sur le sol et on ne le travaille pas lorsqu'il est mouillé, afin de ne pas former des zones compactes qui gênent la respiration des racines et des organismes du sol. Nous bannissons du jardin les herbicides autant que les produits phytosanitaires chimiques de toutes sortes. Les sols idéaux (bien grumeleux) ne sont pas non plus retournés en automne ; un ameublissement en profondeur suffit. Pour cela, enfoncer la fourche-bêche profondément, manœuvrer d'avant en arrière, et poursuivre de la même façon sur toute la surface. Une pratique qui ménage les jardiniers et la vie du sol !

Seuls les sols très lourds, argileux, ou bien devenus compacts après des travaux doivent être labourés et retournés (voir p. 17). Ici, nous avons besoin de la gelée pour rendre la terre friable.

Au printemps, on ne travaille le jardin, de quelque sorte qu'il soit, qu'avec le croc et le râteau.

Vous pouvez remplir de compost mûr les récipients des plantes médicinales qui ont déjà poussé ; vous y mélangez un peu de sable. Ce qui convient au moins aussi bien, ce sont des terres toutes prêtes avec des engrais biologiques de longue durée, et du substrat d'écorces obtenu à partir d'écorces compostées avec de l'argile et de la tourbe. Les deux derniers substrats cités contiennent tous les éléments nutritifs essentiels et d'importants oligo-éléments sous forme minérale. Tous sont indemnes de semences de mauvaises herbes et de germes de maladies.

Pour le semis et le premier repiquage (voir p. 29), on peut très bien utiliser une terre très légèrement fumée, comme de la terre à semis. Les plantes repiquées doivent, bien sûr, recevoir au bout de deux semaines 1 à 2 g/l d'engrais une fois par semaine.

L'alimentation des plantes (la fumure)

Pour croître, fleurir, fructifier et former les substances spécifiques à chacune (les principes actifs), les plantes n'ont pas seulement besoin du glucose de la photosynthèse (voir p. 16). De nombreuses substances minérales sont aussi importantes : dissoutes dans l'eau du sol, elles sont absorbées par les racines. Les plantes ont surtout besoin des ''substances nutritives de base'' que sont l'azote (N), le phosphore (P) et le potassium (K), bien plus que d'autres substances minérales, qui sont pourtant aussi indispensables. Ces dernières, par exemple, le magnésium, le manganèse, le cuivre, le fer, le molybdène, le bore, le zinc, on les appelle ''les oligo-éléments'' parce qu'on ne les trouve qu'en petites quantités, ou même en quantité infinitésimale.

La chaux (Ca), qui est pour de nombreuses plantes aussi importante que les substances nutritives de base, est un élément constitutif des cellules végétales. Dans le sol, elle neutralise les acides (en cas d'utilisation de tourbe, ou de pluies acides), stimule les organismes du sol et met d'autres substances nutritives à la disposition des racines. Evidemment, un excès de chaux peut immobiliser des oligo-éléments tels que le manganèse, si bien qu'on en arrive à des phénomènes de manque.

Vous pouvez tester vous-même la teneur en chaux de votre sol ou bien la faire rechercher lors d'une analyse de sol. La plupart des plantes médicinales croissent dans un domaine de réaction (pH) entre 6,5 et 7. C'est toujours de la chaux carbonique que l'on emploie comme fumure.

Vous pouvez faire faire des analyses précises du sol, comprenant la recherche des substances nutritives les plus importantes, et même, si vous le désirez, avec des recommandations précises quant à la fumure. Pour cela, prélevez à différents endroits du jardin des petits échantillons (depuis la surface jusqu'à 20 cm de profondeur environ), mélangez bien le tout, mettez cela dans un sachet en plastique et envoyez-le à une des adresses indiquées page 121. On peut aussi analyser séparément les différents échantillons du jardin, s'ils sont envoyés séparément.

Fumer avec du compost

Dans des sols normaux (voir p. 17), il suffit pour nourrir la plupart des plantes médicinales, de faire des épandages annuels de compost.

Le compost à base d'excréments de volailles, de pigeons et de bovins est particulièrement bon, car il contient aussi, à côté de l'azote et du phosphore, du potassium qui fait défaut dans d'autres excréments. On peut en remarquer les bons effets dans tout le jardin, même si on ne possède que deux ou trois poules naines et que ces animaux courent librement en été dans le jardin, en faisant leurs ''besoins'' un peu partout. En principe, on n'emploie jamais d'excréments frais !

Le **compost de surface** est obtenu en recouvrant les planches de résidus sains de

récoltes que l'on enfouira plus tard à moitié décomposés, à la pioche. Ne jamais utiliser de résidus de choux ni d'asperges parce qu'ils contiennent souvent des germes non reconnus de parasites et de maladies !
Le **mulch** (voir aussi p. 19) agit d'abord en ombrageant et en maintenant l'humidité ; plus tard, il devient un engrais organique minéralisé par la voie du sol.

Les engrais verts

Il existe des engrais verts pour sols légers, moyens et lourds, mais il y en a aussi d'autres qui conviennent à toutes les sortes de sols (en sachets, dans le commerce spécialisé). Vous pouvez vous procurez des semences dans des entrepôts agricoles et faire votre propre mélange : par exemple, 100 grs de seigle ou d'avoine, 50 grs de vesce, 50 grs de petits pois des champs, 20 grs de fèves de cheval, suffisent pour ensemencer 10 m², et ce jusqu'au début septembre. Comme on ne le trouve qu'en grandes quantités, on procède ainsi pour des jardins assez grands ou bien pour des achats en commun avec des voisins. Dans les jardins indemnes de la hernie du chou (une maladie des racines chez les choux, le raifort, les radis et autres crucifères), on peut aussi mettre de la moutarde jaune (toute l'année jusqu'à la mi-septembre). La plupart du temps, on ne la pioche pas comme les autres engrais verts, dès qu'elle a la hauteur d'une main, mais on la laisse geler sur place et elle sert de couverture de sol : ni oiseaux, ni limaces ne la mangeront. Toutes ces plantes ont, d'abord, une action positive sur les organismes du sol, en ombrageant le sol, une fois la récolte faite. Plus tard, la verdure et les racines se décomposent et sont ainsi minéralisées, c'est-à-dire dissoutes et rendues assimilables (voir p. 20).

La tourbe

La plupart du temps, la tourbe n'est employée que pour la fumure ; elle ne contient pas de substances nutritives et n'a aucune action mécanique d'ameublissement. Vous pouvez pratiquement vous en passer si vous employez correctement le compost, le mulch, les engrais verts et les engrais organiques du commerce.

L'humus bovin

Les excréments bovins sont des produits relativement ''jeunes'' pour le jardin, mais ils ont fait leurs preuves. L'humus bovin ameublit le sol et lui livre des oligo-éléments ; évidemment, c'est aussi un ''mangeur d'azote'', ce qui rend nécessaire de faire des épandages d'azote. L'humus de bovin refoule la poussée des mauvaises herbes. Les terres compostées toutes prêtes, comportant une partie importante de bouse de vache et toutes les substances nutritives, sont de très bonnes terres de jardin.

Les engrais organiques du commerce

A côté des aliments possibles évoqués jusqu'ici, il y a les engrais organiques du commerce, dans les magasins spécialisés. Comme avec le compost, les substances nutritives sont d'abord rendues assimilables par les racines grâce aux organismes du sol. Cela fait qu'ils ont une action lente et persistante ; il n'y a pas, pour vos plantes, de dommages causés par des excès de fumure (des brûlures). La bouse de vache contient N, P, K ; les poudres de corne et d'os ne contiennent que N et P. Cela doit être donné, avant tout, aux sols très légers

Parmi nos plantes médicinales, il y a bon nombre de plantes aromatiques. Coupées toutes fraîches à la cuisine, crues ou revenues dans la graisse, selon la plante, elles donnent à de nombreux mets la dernière touche. Santé raffinée !

(voir p. 17). La poudre de granite approvisionne en oligo-éléments (voir p. 20). Il existe aussi d'excellents engrais organiques liquides d'après les indications fournies.

Les engrais organiques-minéraux du commerce

Ils contiennent aussi, à côté de l'azote et du phosphore, des éléments nutritifs de base, des oligo-éléments comme le potassium sous forme de magnésium potassique sulfaté. C'est une solution, si vous manquez de potassium et si vous ne voulez pas donner un engrais seul, du magnésium potassique sulfaté ou bien des scories Thomas, qui ont une action très lente.

Les engrais minéraux sans chlore

Les engrais minéraux sans chlore, qui contiennent tous, des substances nutritives de base et des oligo-éléments (engrais bleu, engrais sans chlore à substances multiples), ont une action relativement rapide. Il ne faut pas en mettre de trop fortes doses, afin de ne pas provoquer de dégâts, brûlures, chez les plantes. Ne dépassez surtout pas les doses prescrites. Tous les engrais bleus sont sans chlore (toxique pour les plantes). On peut les répandre – la quantité est alors donnée en grammes par m² (g/m²) – ou bien les dissoudre dans l'eau avant de les asperger, mais surtout pas sur les parties vertes ! Dans ce cas, la quantité est donnée en grammes par litre (g/l). Tous les engrais doivent être donnés sur des sols humides, et jamais après juillet-août !

La fumure de plantes en pots

Dans les pots, la réserve de substances nutritives est vite consommée : on ne peut que compenser par de l'engrais. C'est pourquoi, à partir de la 5ᵉ ou 6ᵉ semaine suivant la plantation, je les arrose toutes les trois semaines avec un engrais organique liquide à action lente. Il faut cesser à partir de la mi-août, afin que la plante ne produise pas, au début de l'hiver, des pousses trop importantes.

L'eau

L'eau est, à côté de la lumière, la base de toute vie. Les cellules végétales ne peuvent travailler que si elles sont pleines d'eau, turgescentes. Avec l'arrosage les substances minérales (voir p. 20) coulent vers les feuilles, les substances nutritives toutes prêtes s'infiltrent dans les diverses parties de la plante.

Les plantes médicinales, les fleurs, les légumes ne se dressent bien fermes que s'ils sont suffisamment remplis d'eau. Et, chez les arbres, on voit tout de suite aux feuilles et aux jeunes pousses, quand ils ont très soif. Les plantes bien développées, avec un système radiculaire profond, supportent, en principe, une sécheresse passagère sans dommages, souvent même sans signes extérieurs. Mais elles peuvent aussi mourir lors de périodes de sécheresse prolongée, surtout dans des sols légers (voir p. 17), ou bien lorsque la nappe phréatique est très en profondeur. Si les plantes sont trop longtemps dans l'humidité, les racines pourrissent et ne peuvent plus absorber ni substances nutritives, ni eau, et elles meurent de faim et de soif.

L'approvisionnement en eau

Vous n'aurez pas une idée réelle de l'humidité si vous regardez superficiellement : couleur de la terre plus claire ou plus foncée. Pour se rendre compte, il faut plonger les doigts au moins à 10 cm de profondeur.

Il vaut mieux arroser le matin. On ménage ainsi les plantes sensibles et on évite qu'une grande partie de l'eau s'évapore avant d'atteindre les racines. Si vous n'avez le temps qu'en après-midi, arrosez de manière à ce que les feuilles aient séché avant la nuit. Une humidité permanente sur les feuilles peut favoriser l'apparition de maladies cryptogamiques chez certaines plantes.

Arrosez abondamment (10 à 20 l/m²) à des intervalles réguliers. Si vous arrosez tous les jours, mais superficiellement, cela créera des zones de sécheresse parmi les racines. Si vous arrosez trop et trop souvent, les racines pourriront.

Les plantes jeunes, qui n'ont pas encore pris racine n'ont besoin que de petites quantités d'eau et doivent être surveillées quotidiennement.

On peut économiser l'eau en faisant un mulch, ou bien en passant superficiellement une petite binette, ce qui permet aussi, au passage, d'éliminer les graines de mauvaises herbes. Ces deux mesures protègent la terre contre une évaporation inutile. Les plantes en pots se dessèchent plus vite que dans les planches, mais elles gardent aussi plus vite l'humidité. Il faut les contrôler tous les jours. Un système d'arrosage automatique facilite le travail ; c'est, en outre, la bonne solution pour les vacances.

Une terre en pot, à grande teneur en tourbe, assimile difficilement l'eau, une fois qu'elle est desséchée. On n'a plus qu'à plonger le pot dans un récipient rempli d'eau jusqu'à 1 cm au-dessus du bord, jusqu'à ce qu'il n'y ait plus de bulles à la surface. Avec des terres très argileuses, vous devez plutôt faire attention à ce qu'elles ne se noient pas.

Les pots en terre sèchent plus vite que les pots en plastique, que vous arroserez avec beaucoup de précautions ! En cas de noyade, on peut ajouter une couche de drainage faite de morceaux d'argile (pots cassés) ou de sable grossier sous la terre.

L'arrosage avant l'hiver

En hiver ''geler'' signifie simplement dessécher. Les racines en effet ne peuvent pas tirer de l'eau dans la terre gelée ! Les plantes meurent lorsqu'elles n'ont pas pu emmagasiner d'assez d'eau en automne. C'est pourquoi on arrose les arbustes et les plantes vivaces, et tout particulièrement les végétaux à feuilles persistantes qui perdent leur eau encore plus vite en hiver, avant l'arrivée des gelées et, pendant les hivers secs, même par temps doux. Il y a très peu d'exceptions à la règle.

Les plantes en récipients se dessèchent en hiver encore plus facilement que celles en pleine terre. Il y a un moyen pour aider, c'est d'enterrer la plante jusqu'au bord du récipient, de mettre une couche de feuillage avec de la terre autour et de la recouvrir de brindilles de sapins. Celui qui peut placer, pour l'hiver, des bacs dans une pièce claire, à l'abri des gelées, à une température d'environ 5 °C et avec une humidité suffisante (à contrôler à l'hydromètre), a de bonnes chances de réussite. Mais ici aussi, il faut arroser à la demande.

Eau des canalisations ou eau de pluie ?

L'eau de pluie ne coûte rien, elle est tempérée et convient à toutes les plantes, si elle n'est pas trop polluée. Pour la recueillir il existe encore aujourd'hui le bon vieux tonneau sous une forme modernisée. Une petite pompe facilite la répartition de l'eau avec le tuyau (une douche !). Un clapet de sécurité évite les inondations autour du tonneau.

La protection des plantes, sans poisons

Pour pouvoir récolter des plantes médicinales exemptes le plus possible de résidus polluants, nous n'utiliserons pour les cultiver ni insecticides, ni fongicides, ni herbicides. Le mieux est d'y renoncer entièrement au jardin. D'ailleurs, la plupart des plantes médicinales sont très saines. Toutes les plantes de jardin sont choisies de façon à ce que nous puissions leur donner tout ce dont elles ont besoin au point de vue sol, ensoleillement et climat, conditions importantes pour qu'elles restent saines.

En outre nous ne remettons la même plante au même endroit qu'au plus tôt après 4 à 5 années, ou bien nous cultivons différentes espèces en association les unes avec les autres (voir ''Les simples au potager'' p. 12). De cette manière, les parasites et les germes de maladies spécifiques à certaines espèces sont freinés ou même éliminés.

Le compost

Les feuilles tombées sur la pelouse et sur les chemins sont compostées, les autres restent en place. Les branches d'arbres ou la taille des arbustes sont hachées en morceaux grossiers (voir p. 17) et restent dans la bande boisée, le long de la clôture, au fond du jardin. Le choix des arbres qui se trouvent là-bas, a été fait aussi pour rendre service aux oiseaux et aux insectes.

Les animaux aident

Après une courte période d'adaptation, nous sommes arrivés, depuis quelques années, au point de ne plus avoir aucun dégât d'importance. Pour cela, nous avons d'innombrables aides : de petits ou de minuscules êtres vivants du sol, les guêpes parasites, les chrysopes, les carabes, ou les syrphes, les coccinelles, les araignées, les perce-oreilles. De plus, le hérisson et la musaraigne. Et dans le coin des deux petites mares du jardin résident, pour notre plus grande joie, trois grenouilles venues d'on ne sait où (on ne devrait jamais les implanter artificiellement !).

Les limaces

Evidemment, les limaces posent parfois des problèmes. Mais nous n'employons quand même pas de poisons pour limaces. Ils peuvent conduire à de graves empoisonnements chez les petits enfants, les chiens, les hérissons, les oiseaux et nuire aussi aux principaux prédateurs de limaces, les crapauds et les grenouilles.

Il existe un produit biologique efficace et inoffensif, qui attire les limaces. Les "pièges à bière" sont aussi bien connus ; on prend des pots que l'on remplit à moitié de bière et que l'on enfonce dans le sol jusqu'au bord ; les animaux viennent y boire et se noient. On peut aussi placer des planches entre les plantes menacées, elles serviront de cachette le jour à ces animaux nocturnes. On retourne les planches sur de l'eau bouillante : les limaces y tombent directement, meurent aussitôt et peuvent être compostées.

Les insectes

Pour supprimer les pucerons sur les plantes en pots, on les rince tout simplement sous le robinet. Pour les mouches blanches, on place des attrape-mouches jaunes à proximité des plantes. Elles ne peuvent plus se détacher de cette surface collante. Il faut, en outre, veiller à avoir des températures autour de 18 °C à 20 °C et à ce que l'air reste humide (humidificateur automatique).

Les campagnols et les taupes

C'est avec des pièges que l'on arrive le mieux à attraper les campagnols, qui mangent les racines des plantes. Il faut les installer selon les prescriptions.

Les taupes, que beaucoup de gens confondent avec les campagnols, fouillent dans le sol, il est vrai, mais elles ne s'en prennent pas aux plantes : elles se nourrissent, au contraire, des parasites du sol. Elles sont protégées et on ne peut, à la rigueur, que les chasser du jardin en jetant des chiffons imbibés d'essence dans leurs souterrains. Pour les différencier plus facilement : les taupes font de vraies petites collines, les campagnols ne font que soulever légèrement leurs souterrains, cela donne de petites éminences plates.

"Les mauvaises herbes"

"Les mauvaises herbes" ne sont rien d'autre que des plantes que nous ne voulons pas avoir dans le jardin. Beaucoup de belles plantes médicinales, de fleurs et de légumes sauvages en font partie. Si vous binez la terre régulièrement, si vous mettez du mulch et vous pratiquez les cultures associées, vous n'aurez pratiquement pas de problème de mauvaises herbes.

Les herbicides n'ont rien à faire dans un jardin familial. D'autant plus qu'on sait aujourd'hui qu'à côté des effets négatifs sur les plantes et sur la vie du sol, ils stimulent justement des mauvaises herbes particulièrement difficiles. De chaque petit morceau de racine peut naître une nouvelle plante.

Contre le chiendent, on peut cultiver des pommes de terre (avoir ses propres pommes de terre, ce n'est pas à dédaigner !). Au bout d'une ou deux années, le terrain sera sûrement de nouveau propre. On ne peut supprimer complètement la petite angélique et le liseron qu'en creusant et en arrachant systématiquement toutes les racines.

La culture

Les semences et les plantes

Vous pouvez cultiver la plupart des plantes médicinales à partir de semences. On trouve les plus connues dans le commerce spécialisé ; la plupart du temps, ce sont en même temps des plantes à tisanes ou bien des fleurs de jardin. Vous pourrez vous procurer des semences de plantes sauvages comme l'arnica, la guimauve, le millepertuis, la pensée, la petite centaurée auprès des firmes citées p. 121.

Un sachet suffit, la plupart du temps, pour une famille moyenne.

Si vous n'avez besoin que de quelques plants d'une espèce donnée, il est plus pratique, pour vous, d'acheter des replants que de les faire vous-même. On les trouve auprès des firmes spécialisées (voir p. 121). Commandez assez tôt et dites à quel moment vous souhaitez avoir la livraison.

Beaucoup de plantes, comme la menthe poivrée, ne peuvent se reproduire que végétativement, par division. Les semences de ces plantes ''se fendent'' et les précieuses qualités des plantes-mères se perdent. C'est pour cela que, dans ce cas, il faut acheter ou vous faire offrir la première plante. Une fois qu'elle a grandi, vous pouvez la diviser et replanter les différentes parties.

La conservation des semences

Afin que le pouvoir germinatif se maintienne le temps nécessaire, selon l'espèce, conservez les semences au frais, à l'abri des gelées et au sec, jusqu'à l'utilisation. Ceci est valable avant tout pour les semences sans emballage de protection.

Les soins à donner aux plantes achetées

Mettez les plantes achetées aussi vite que possible dans le sol qui aura été préparé. Arrosez avant abondamment les racines desséchées (bien baigner la motte de terre, laisser dans l'eau pendant au moins deux heures les racines ayant peu de terre). Si on repousse de quelques temps la planta-

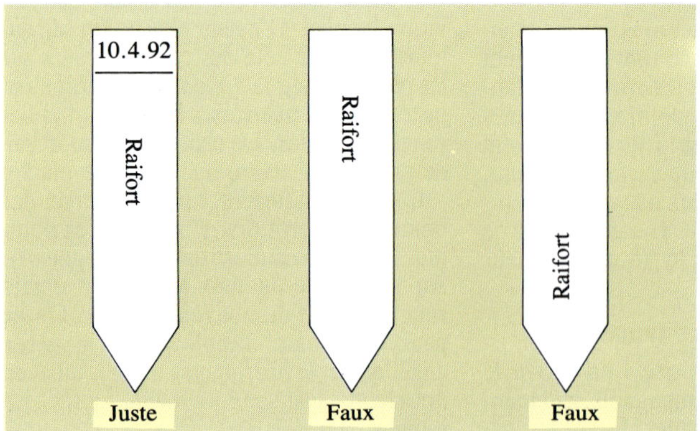

Le dessin de gauche montre une étiquette portant une légende correcte. Sous la première inscription, il reste assez de place pour d'autres indications : dates de repiquage, de plantation dans la planche, de récolte.

La couche a fait ses preuves : on peut la construire soi-même ou bien l'acheter toute faite. Dans le commerce, on trouve aussi de petits modèles pour le balcon ou la terrasse, avec ou sans chauffage.

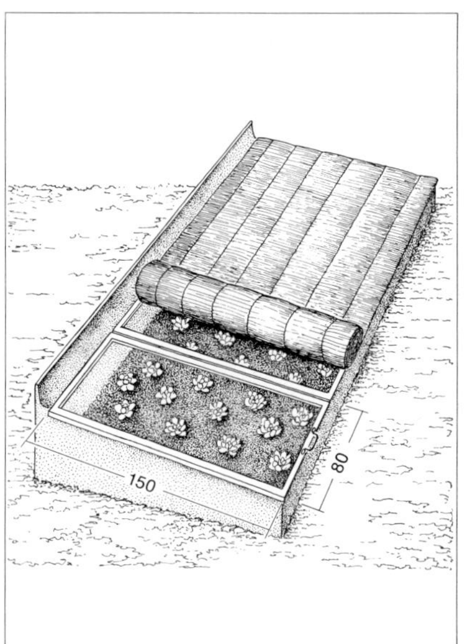

tion, on enfonce les racines ou la motte de terre dans la terre humide ou dans une toile humide, on l'arrose bien, surtout par temps chaud et on maintient le tout à l'ombre.

L'étiquetage

Afin qu'il n'y ait pas de confusions, utilisez des étiquettes en plastique. On écrit dessus avec un stylo résistant à la pluie et on les plante dans le sol, à côté des plantes. L'espèce, la variété, la date du semis, celle du repiquage et de la plantation doivent être indiquées. On trouve les stylos et les étiquettes dans le commerce spécialisé.

La culture des replants

Le semis et la plantation ''sous verre'', à la maison, en serre, ou dans une couche, c'est cela que l'on appelle ''la culture des replants'', très adaptée aux plantes qui poussent lentement et ont besoin de chaleur. Si on sème sur le bord de la fenêtre, il ne faut pas commencer avant la mi-mars ou même fin mars. La lumière (voir p. 16) est trop faible avant.

Le semis

Sur le dessin de la p. 28 vous pouvez voir la préparation des bacs à semis, semis en rangs et en largeur. Les toutes petites graines sont seulement légèrement pressées et recouvertes d'un film plastique jusqu'à la germination. Les plus grosses reçoivent une couverture de terre qui a, au plus, le double de l'épaisseur des graines.

Il faut absolument arroser la terre, si elle est sèche, au moins un jour avant le semis !

Afin que chaque plante en train de germer ait suffisamment de place, on sème de manière à ce qu'il reste un peu de place entre les graines dans le sillon et de tous les côtés. 3 ou 4 mm suffisent pour les toutes petites graines, les plus grandes ont besoin de plus de place. Si, plus tard, elles sont trop serrées, vous pouvez en arracher ou en couper quelques-unes soigneusement (les éclaircir). Pour les couches et les plates-bandes de jardin, vous pouvez vous aider d'un semoir à main, réglable.

Les plus grandes graines, on les met souvent par 2 ou 3 dans des petits pots remplis de terre et on les replante plus tard avec leur motte de terre. Après la germination, il ne reste, la plupart du temps, que la graine la plus forte, on coupe ou bien on arrache les deux autres avec les ongles.

Après le semis, on arrose avec précaution, mais en abondance. Pour germer, les graines ont besoin d'une humidité régulière, mais pas stagnante, sinon cela chasse l'air du sol (voir p. 28). Lorsqu'on aperçoit les petits cotylédons, il faut encore arroser prudemment et placer les petits replants dans une pièce très claire, mais pas directement exposés au soleil !

Les dessins montrent clairement ce qui est important, lors des semis.

Les appareils à semer réglables (dans le commerce spécialisé), facilitent un semis précis.

Une main exercée est souvent ce qui convient le mieux. A conseiller : le semoir à roues.

Les bandes de semences ne donnent pas toujours satisfaction.

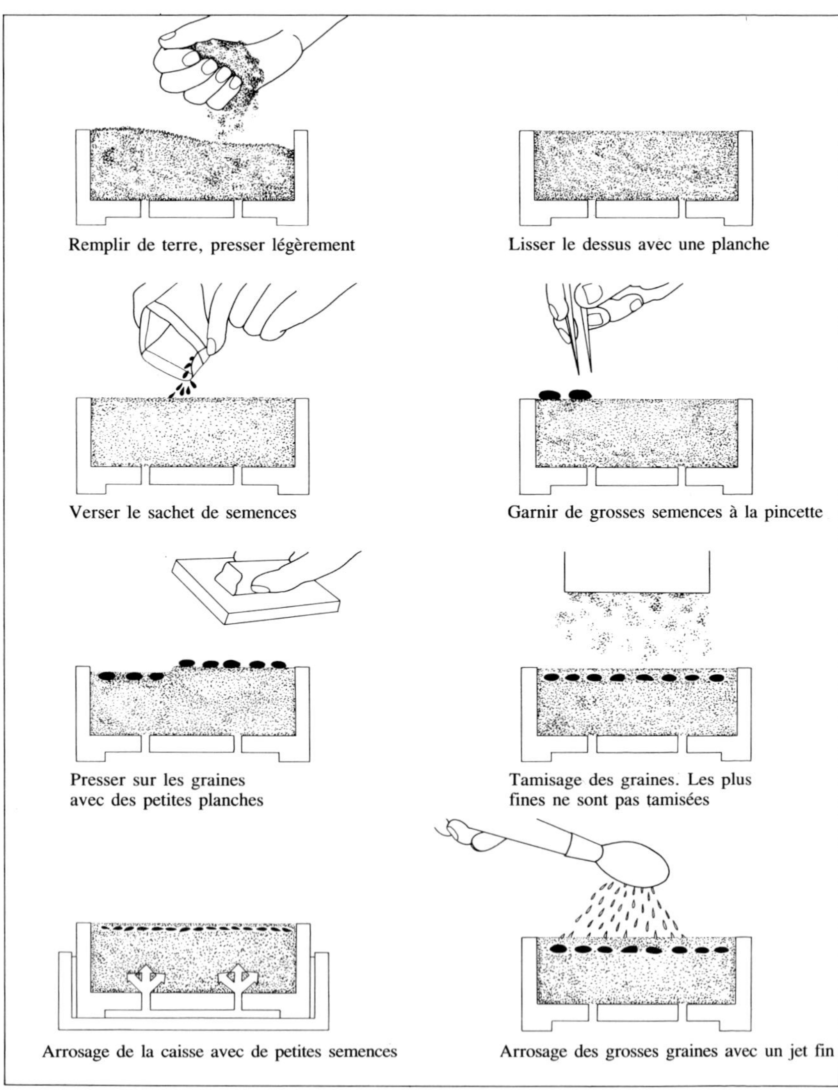

Eclaircir

On retire de la planche les replants, en surnombre. Puis on arrose afin que les racines bousculées par inadvertance puissent ''reprendre pied''.

Repiquer

Une fois que les deux premières ''vraies'' feuilles, après les cotylédons, sont entièrement formées, on retire les petites plantes soigneusement de la planche de semis, en essayant de garder le plus de terre possible autour des racines. Les racines doivent être remises toutes droites dans la terre ; en cas de besoin, on les raccourcit aux ciseaux ou avec les ongles. Pour finir, on presse la terre de tous les côtés avec le plantoir, et bien du bas vers le haut. Cela semble plus difficile que ce n'est en réalité. Arroser, maintenir une humidité régulière.

Ombrager

On protège les plantes fragiles contre un ensoleillement trop fort jusqu'à ce qu'elles soient grandes. On peut créer une protection artificielle en recouvrant les vitres de la couche d'un tissu, d'un film ou de tas de bouillie à base de farine et d'eau, bien répartis. Pour les planches de replants, vous pouvez poser des tissus ou du film plastique sur des cadres en bois en les fixant de manière à ce qu'ils ne s'envolent pas.

Endurcir

Les plantes qui ont poussé sous protection doivent s'habituer lentement aux conditions de la vie en plein air avant d'être mises dehors.

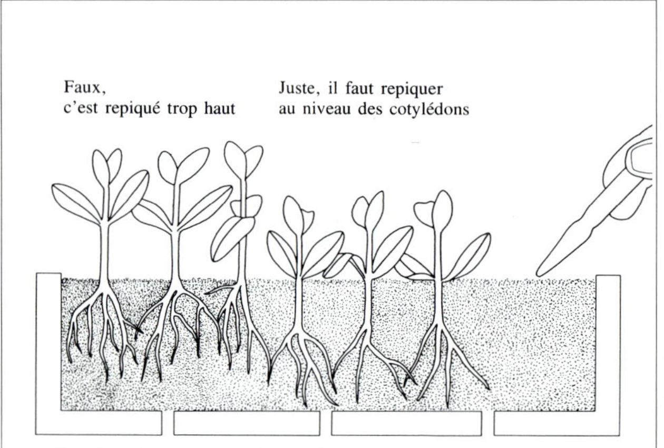

Repiquer, ce qui signifie en jardinage trier les replants, est une affaire d'habitude.

En bas : ce dessin illustre comment il faut s'y prendre pour diviser les plantes vivaces.

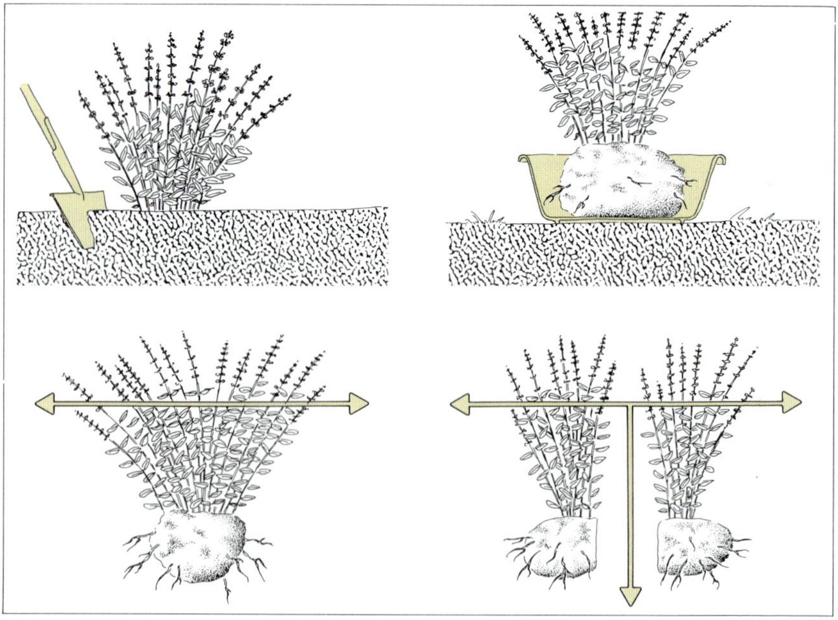

Il est possible de multiplier de nombreuses plantes médicinales, en faisant des boutures. Les deux petits traits sur le dessin de gauche montrent où et comment les boutures doivent être séparées.

Pour cela, on les place dehors, dans la journée, à l'abri du vent, et, les premiers jours, pas en plein soleil. Il est évident qu'il ne faut pas commencer par temps froid et humide.

Replanter

Les préparations, la ''technique de plantation'' et les autres mesures sont les mêmes que pour le repiquage. Le plantoir doit seulement être plus grand.

Les autres travaux

Rempoter et replanter

Il faut d'abord retirer du vieux pot la motte bien humidifiée : on tourne le pot avec la main gauche, on soutient la plante de la main droite, entre le médium et l'index. On tape légèrement le bord du pot sur la table, on fait glisser la motte du pot dans la main droite. Si la motte reste accrochée au pot par des racines trop importantes, on casse le pot pour ménager la plante ! On prend le paquet de racines et on le met dans le plus grand pot. On voit à l'œil nu ce qu'il faut comme grosseur de pot. Le numéro de la taille est celui du diamètre intérieur supérieur : vous devez connaître lors de l'achat.

La division des plantes vivaces

On multiplie de nombreuses plantes vivaces en les divisant, au printemps après l'éclosion, ou bien de septembre à octobre. Il faut arroser abondamment la veille au soir. On divise avec une bêche bien tranchante ou avec un couteau. Chaque partie doit avoir assez de racines et de pousses (voir illustration page de gauche). Après les avoir posées à la nouvelle place bien préparée, on les arrose en abondance, même sous le soleil et le vent.

En principe, les stolons s'enracinent vite, s'ils sont mis dans des petits pots dans une terre sableuse et maintenus avec un petit crochet en fil de fer.

et on peut, finalement, les replanter en pleine terre (voir pages 29 et 30). On fait des **marcottes** sur des plantes qui ont des filets à stolons comme les fraises et les violettes (voir l'illustration).

Les boutures

Pour les boutures, on coupe avec un couteau tranchant, la plupart du temps en juin, des pousses de 5 à 7 cm juste sous un nœud. Elles doivent être déjà fermes, mais pas encore ligneuses et, surtout, ne pas avoir de bourgeons. Les deux feuilles inférieures sont coupées jusqu'à la tige.

Plonger la surface coupée dans un bain spécial stimule la formation des racines. On les repique dans des pots contenant un mélange de tourbe et de sable, à proportion de 1/1 ou bien dans du TKS 1 avec du perlite, à 0,5 cm de profondeur. Retournez par-dessus un sac de plastique transparent, de manière à ce qu'il reste au moins deux centimètres au-dessus de la pointe des boutures ; ce sera une "mini-serre". Sinon, les pousses flétrissent et il n'y aura ni enracinement, ni croissance.

Il ne faut arroser que lorsque la terre commence à se dessécher. Le meilleur emplacement est une fenêtre bien éclairée, orientée au nord, au nord-est ou au nord-ouest ; la température doit avoisinier les 18 °C.

Lorsque les boutures sont enracinées et commencent à pousser, on enlève le plastique ; elles s'habituent ainsi à l'air frais

La mise en pot

Pour mettre la plante en pot, on la maintient d'une main bien au milieu du pot ; la racine doit se trouver 1 cm au-dessous du bord. Avec l'autre main, on remplit le pot de terre de tous les côtés. Pour finir, on presse bien tout autour de façon à laisser 1 cm d'espace libre pour l'arrosage.

La taille

De nombreuses plantes se ramifient mieux si on raccourcit un peu la pousse centrale et les pousses de côté une ou deux fois, jusqu'à un nœud, car c'est de là que partent les nouvelles pousses. Lorsqu'on taille, il faudrait toujours avoir devant les yeux la forme naturelle de l'espèce !

La plantation des arbres

Le meilleur moment pour planter des feuillus, est l'automne, après la chute des feuilles, alors que le sol n'est pas encore gelé. Il ne doit pas y avoir de vent, le ciel doit être couvert et le temps humide.

Les végétaux qui ont des mottes et qui sont dans des containers poussent plus vite que les autres. Ne pas oublier de les arroser avant de les planter (laisser absorber l'eau pendant au moins deux heures) et de les maintenir jusqu'à la plantation à l'ombre, à l'abri du vent.

Le pieu de soutien doit être enfoncé à environ 40 cm en-dessous du fond du trou.

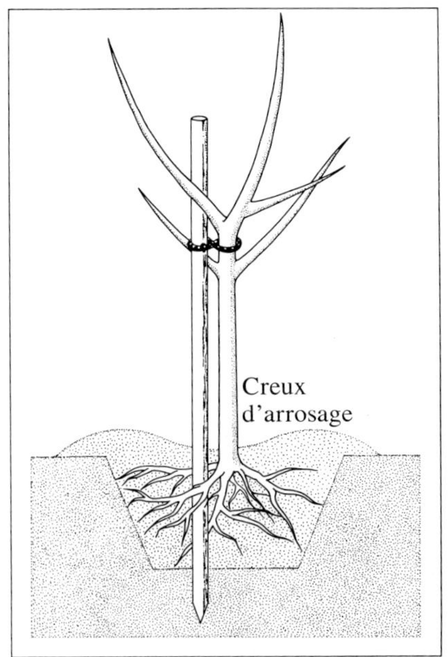

Recouvrez-les éventuellement de sacs humidifiés ! Ce n'est pas utile d'enlever l'emballage de la motte qui se désagrège dans le sol, mais il faut délier le nœud au niveau des racines, sinon le matériau d'emballage noué pénètre dans le tronc en pleine croissance, interrompt la circulation des liquides et l'arbre se rabougrit ou bien dépérit.

Les arbres vendus en containers ou en sacs de plastique sont plantés sans leur emballage, sinon ils ne peuvent pas pousser.

Les préparatifs

Après les mesures habituelles pour tous les sols un peu tassés, on ameublit le sol en profondeur (la hauteur de deux bêches) sur la plus grande surface possible pour éviter d'avoir plus tard des difficultés à cause de l'eau qui stagne et freine les racines. En creusant, on enlève en même temps les grosses pierres et les racines des mauvaises herbes. Et enfin, pour améliorer le sol, on répand, selon les possibilités, environ 8 dt de fumier d'étable décomposé par m², ou bien une quantité équivalente de compost, ou encore 4 balles de tourbe bien humidifiées et hachées menu.

Le trou de plantation doit être un peu plus grand que la circonférence de la motte. Pour les haies, on ne fait pas de trous individuels, mais on creuse une large tranchée de la longueur prévue, ce qui laisse plus de place pour le compost, la poudre de roche ou les engrais organiques du commerce.

Afin que la terre puisse se tasser, vous devriez creuser le trou et la tranchée déjà plusieurs jours avant la plantation.

La plantation

Le mieux est d'être à deux pour que l'un puisse tenir l'arbre tandis que l'autre remplit le trou de terre et l'arrose abondamment. Mélangez la terre avec le compost, les engrais organiques ou le fumier bien décomposé, seulement sur les côtés et jamais directement sur les racines. Secouez le tronc afin que la terre se répartisse bien entre les racines, et pas seulement des petites mottes par-ci par-là. Une fois que le trou est rempli aux 2/3, appuyez avec le pied "délicatement" tout autour, puis arrosez avec insistance mais lentement. Maintenant vous remplissez le trou jusqu'au bord, vous arrosez encore jusqu'à ce que la terre soit engorgée, vous remettez encore de la terre et vous élevez un petit mur de terre, une sorte de "rebord pour l'arrosage", autour de la plante. Si vous avez fait tout cela correctement, l'arbre se tient maintenant aussi fermement et droit que dans la pépinière.

Les dessins illustrent la manière dont il faut soutenir les arbres.

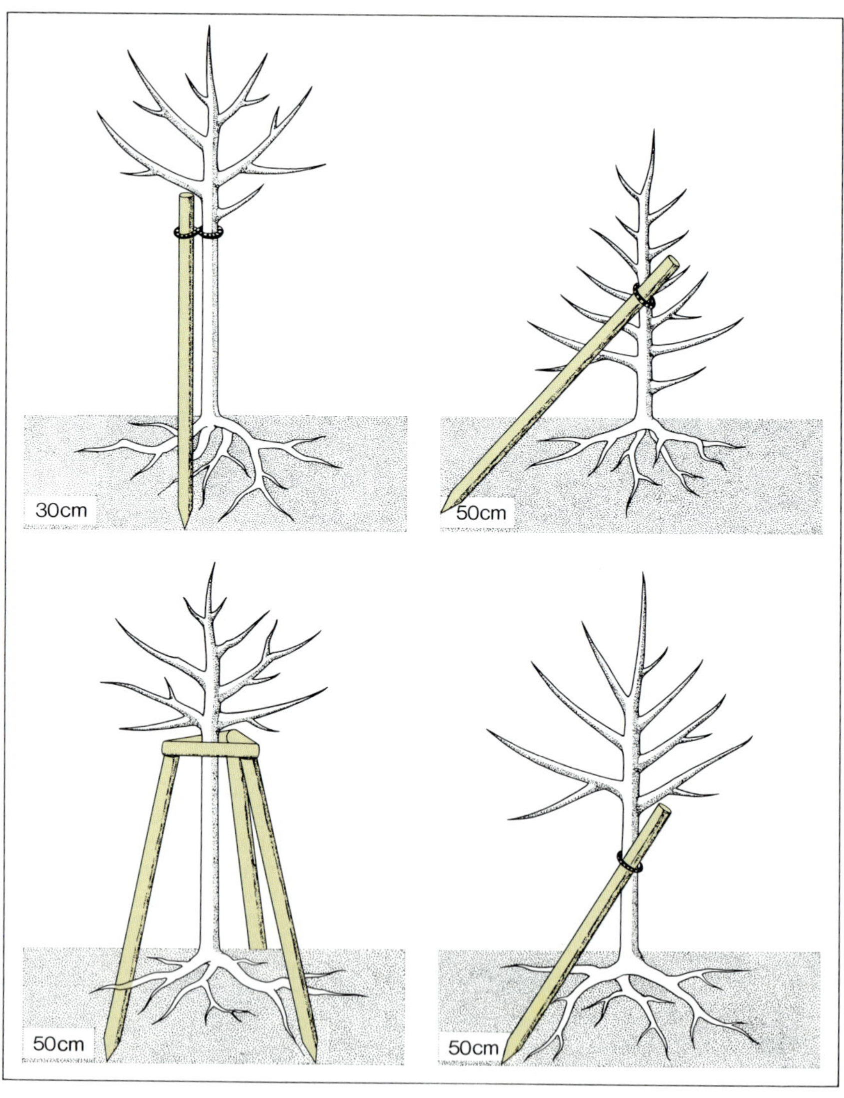

Pour les attacher, on utilise de la corde de bourre de coco ou du plastique.

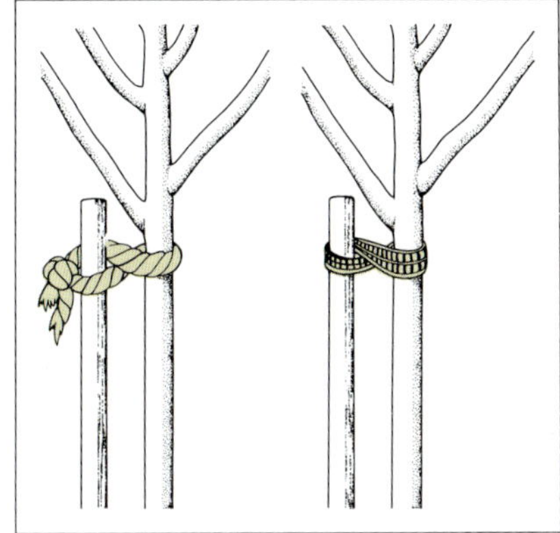

Pour maintenir l'humidité, on recouvre le pourtour de l'arbre sur la surface qui se trouve sous les branches d'une fine couche de mulch.

Consolidation

Les premières années, on consolide les grands arbustes et les petits arbres (les arbres à hautes tiges aussi) avec un pieu. Pour les végétaux sans motte, on le plante verticalement dans le trou, lorsqu'il est encore vide. Pour les autres, on enfonce la partie pointue en biais dans la terre de manière à ce que l'autre bout repose sur l'arbre : il doit être incliné dans la direction du vent (voir l'illustration). Ici, le pieu est planté en dehors de la fosse de plantation ; il tient plus fermement que dans le trou où la terre est relativement meuble.

Pour l'attacher, il convient d'acheter des liens pour arbres dans le commerce spécialisé, des cordes ou bien des chambres à air de bicyclette que l'on aura découpées. Attachez-le bien solidement afin que le tronc ne puisse pas se blesser en se frottant, mais quand même assez lâche pour qu'il puisse suivre les mouvements de la terre en train de se tasser (voir l'illustration p. 33).

La protection contre le soleil et l'évaporation

On protège les arbres avec de la paille que l'on enroule autour du tronc. Quant aux arbres et aux arbustes de moindre hauteur, on les ombrage avec des tapis de paille, des toiles ou des feuilles. On fait cela dès qu'on les a plantés et pendant le premier hiver.

L'étiquetage

On enlève les étiquettes des branches afin qu'elles ne s'emmêlent pas pendant la croissance et on les remplace par des étiquettes à bracelet sur la tige.

Les soins

Les arbres qui poussent sur une pelouse ou dans l'herbe doivent avoir en-dessous un espace entièrement ouvert, c'est-à-dire que la surface correspondant à la couronne de l'arbre doit être tout à fait dégagée. En cas de sécheresse, on peut arroser et les racines ont ainsi assez d'air.

Les principes actifs des plantes médicinales et condimentaires

Les principes actifs des plantes médicinales se forment comme ceux d'autres plantes (voir p. 16). Certains sont essentiels pour les plantes mêmes. D'autres sont plutôt du remplissage, mais ont une grande valeur pour nous : par exemple les huiles essentielles.

Souvent, ce sont tous les principes actifs d'une plante réunis qui ont le meilleur effet thérapeutique. On le sait depuis qu'on peut les séparer et les analyser individuellement.

Les principaux groupes de constituants

Substances amères

Elles stimulent intensivement la production des sucs gastriques et ont une action fortifiante ; elles conviennent donc parfaitement en cas de manque d'appétit et de faiblesse de la digestion. Parmi les plantes médicinales de nos régions, on distingue les ''Amara tonica'' exclusivement amères comme la petite centaurée des ''Amara aromatica'' comme l'absinthe, l'aurone, l'armoise qui, à côté des alcaloïdes, contiennent aussi des huiles essentielles.

Huiles essentielles

On les trouve surtout chez les labiacées et les ombellifères. Elles ont une action contre les fermentations et les inflammations ; elles sont, en outre, diurétiques et antispasmodiques, elles fortifient la vésicule biliaire, le foie, l'estomac et l'intestin. Elles combattent les bactéries en les ''tenant par la bride'' pour ainsi dire et, on s'en doute, aussi les virus. Font partie de la première famille, la menthe poivrée, le romarin, le thym, entre autres et, de la deuxième, les carottes, le cumin, le fenouil et l'aneth.

Tanins

La menthe poivrée, la sauge, les feuilles de fraisiers contiennent, entre autres, des tanins. Ils augmentent la résistance des muqueuses. On les emploie en cas de diarrhées, sous forme de gargarismes pour les angines, ou pour se rincer la bouche, en cas de gingivite. Les bains de certaines parties du corps aident en cas d'inflammations, d'engelures, d'hémorroïdes et de forte sudation. Tous les tanins atténuent les douleurs et arrêtent les petits saignements.

Glucosides

Ces composants sont très répandus dans le monde végétal et ont des actions très différentes. Cela devient évident si l'on sait que les substances cardiotoniques de la digitale, les substances diurétiques du raisin d'ours ou busserole et les substances sudorifiques des fleurs de sureau sont toutes des glucosides. Les fleurs de sureau ainsi que les feuilles de busserole sont des remèdes de la pharmacie familiale. En revanche, la digitale, avec ses principes hautement toxiques, est tabou pour les non-spécialistes !

Saponines

Ce sont des glucosides qui, mélangés à l'eau, forment une mousse durable et dissolvent l'hémoglobine des globules rouges. On en trouve, entre autres, dans la pensée des champs et le souci. Selon la combinaison des principes actifs chez les différentes espèces, ils chassent l'eau, agissent contre les impuretés cutanées et les rhumatismes, ils éliminent les glaires en cas de toux persistante et ils régularisent la production de suc gastrique.

Les saponines augmentent, en outre, la capacité d'absorption des autres principes actifs végétaux.

En cas de prise excessive, on peut vite provoquer des irritations de la muqueuse intestinale.

Mucilages

Peu de plantes en contiennent, mais en quantité : ce sont, par exemple, la guimauve, la mauve et le bouillon blanc. Ils protègent les muqueuses en les "recouvrant", ils ont une action lénifiante et calment vite les inflammations. Ils apaisent une toux déclenchée par des états d'irritation du pharynx et du larynx. L'action légèrement laxative vient de ce que le contenu de l'intestin gonfle, et donc, a tendance à se détendre.

Les mucilages végétaux affaiblissent la sensibilité du goût, surtout pour les acides. Un exemple : les framboises contiennent beaucoup de mucilages mais moins de sucre et plus d'acide que les groseilles qui ont un goût si acide !

Flavonoïdes

Ces substances sont contenues, par exemple, chez la pensée des champs et le serpolet. Elles sont efficaces contre la fragilité des capillaires, contre certains troubles du cœur et de la circulation ; elles ont aussi une action anti-spasmodique sur les organes de la digestion. Ce qui détermine leur action spécifique, c'est toujours la combinaison avec les autres composants de chaque plante.

Vitamines, éléments minéraux, oligo-éléments, et antibiotiques naturels

Tous les organismes ont besoin de ces substances pour rester en bonne santé ou pour le redevenir. Dans de nombreux cas de maladies, et pendant la convalescence, les besoins en sont particulièrement élevés, ainsi que chez les personnes âgées qui ne peuvent plus tirer autant de profits de la nourriture. On peut souvent remédier à des manques de l'une ou plusieurs de ces substances, grâce à la bonne plante médicinale. Ainsi, le cynorhodon, l'argousier, le cochléaria et le cassis sont des pourvoyeurs remarquables en vitamine C. L'ail, la moutarde, le cresson et les capucines ont, par exemple, une action antibiotique.

Récolte, conservation et stockage

Récolter de façon juste, conserver et stocker comme il convient, ce sont les conditions nécessaires pour que l'efficacité des principes actifs reste intacte. On utilise les feuilles, les fleurs, les fruits, toutes les parties saines et intactes ; chez beaucoup d'espèces, on prend toute la plante (on récolte ce qui est au-dessus de la terre avant la floraison). Les tiges ne doivent pas être trop ligneuses.

La récolte

Les plantes que vous ne voulez pas consommer fraîches, récoltez-les par temps chaud et sec, et jamais par temps pluvieux, humide ou dans le brouillard. On cueille les fleurs (en latin : flores) dès que la rosée s'est évaporée, les feuilles (foliæ) dans la matinée.

Lorsque la croissance des plantes n'est pas terminée, on prend les feuilles en petites quantités.

Ici, on voit des bouquets d'herbes suspendus, en train de sécher ; ce sont les réserves pour l'hiver. La bonne odeur se répand dans toute la maison. Dans le four, on peut faire sécher ensemble les plantes les plus variées.

Prière de récolter les fruits une fois qu'ils sont bien mûrs, les fruits-graines comme le fenouil et le cumin, avant qu'ils ne tombent.

On coupe les plantes entières (herbæ) en principe, juste avant la floraison. On déterre les racines et les rhizomes quand ils sont bien développés, la plupart du temps, pas avant la deuxième année. Il vaut mieux utiliser la fourche plutôt que la bêche pour éviter de faire des dégâts.

La conservation

Même si elles ont parfois une efficacité supérieure à celles qui sont séchées, les plantes fraîches s'abîment peu de temps après avoir été récoltées. Le séchage empêche que les ferments propres à chaque plante ne détruisent ou ne transforment les principes actifs importants, que les champignons et les bactéries ne les abîment. C'est le mode de conservation le plus courant et le plus simple.

Un séchage naturel, dans un endroit très aéré, mais à l'ombre, sous le toit, est souvent suffisant. Quelques degrés de chaleur en moins seront compensés par un vent (sec) ! L'exposition aux rayons du soleil est dangereuse parce que cela détruit les principes actifs. Ceci est surtout vrai pour les huiles essentielles. Les feuilles et les fleurs sèchent sur des claies (des caisses à lattes que l'on peut empiler) où on les étale en fines couches et où on les retourne souvent. Suspendez les plantes à longues tiges sous forme de petits bouquets, sous le toit, le long du mur de la maison ou bien au grenier (s'il n'y a pas de poussière).

Un temps froid et surtout humide peut détruire toute votre récolte en peu de temps, en tous cas si vous la faites sécher naturellement. Les drogues perdent leur valeur ou deviennent même nuisibles à la santé (pourriture !). Il y a donc une règle à respecter : si les feuilles, les plantes, les fleurs ne sont pas sèches en l'espace de trois jours (déjà à 60 % d'humidité, cela dure plus longtemps), il faut sécher artificiellement.

Le séchage artificiel est, pour les fleurs de sureau, les cynorhodons, les autres fruits et les racines, toujours mieux que le séchage naturel ; on peut, éventuellement, les sécher courtement avant dans un endroit aéré. Pour cela, on étale la récolte en une couche très mince, sur une tôle propre ou bien recouverte d'une feuille d'aluminium que l'on met au four (à 60 °C au plus). Les parties de plantes qui contiennent des huiles essentielles, ne supportent pas plus de 35 °C à 40 °C ! La porte du four reste ouverte pendant toute la durée du séchage !

Il est possible d'effectuer le séchage directement au-dessus d'une source de chaleur, mais ce n'est pas aussi bien.

Le stockage des plantes séchées

Dès que les tiges se cassent quand on les courbe, que les feuilles s'effritent quand on les saisit, que les fruits de toutes sortes et les racines ne sont plus molles, même

à l'intérieur, alors on contrôle encore le tout et on enlève ce qui n'a pas un aspect impeccable.

Pour finir, on hâche tout menu, séparément selon l'espèce et la partie (fleurs, feuilles, tiges, fruits, racines). Si on veut avoir des poudres de plantes médicinales pour certains usages, on en écrase aussi dans le mortier, puis on les range dans des récipients qui ferment bien. Ce qui convient le mieux, ce sont les boîtes en fer blanc, les pots et les bouteilles en verre teinté (car les vitamines ainsi que d'autres principes actifs sont détruits par la lumière ; on peut éventuellement prendre aussi des sachets en cellophane, mais pas en plastique.

Il est indispensable d'avoir des étiquettes écrites lisiblement avec la mention du contenu, de l'année de récolte, de l'utilisation ! La plupart des remèdes, une fois séchés ne conservent leur efficacité pas plus longtemps qu'une année !

Les ustensiles pour les plantes fraîches

Vous avez besoin d'une centrifugeuse **anti-acide**, d'un mixer, de casseroles anti-acides, de plusieurs passoires anti-acides, plus ou moins fines, de sachets stérilisables, de papier filtre ou de papier de cuisine pour passer, égoutter, filtrer.

Utilisation des drogues

Nous désignons ainsi non pas les plantes médicinales elles-mêmes, mais les parties des plantes utilisées à des fins médicales ; la plupart du temps, elles sont séchées et hâchées menu.

Vous trouverez ici les principes de base pour leur utilisation ; pour les détails, si

nécessaire, reportez-vous aux chapitres sur les plantes, à partir de la page 43.

Les extraits de plantes mélangés à l'eau (souvent employés et de différentes manières, pour les tisanes, les bains, les compresses et les injections), sont préparés ainsi : soit on verse de l'eau bouillante dessus (c'est une infusion), soit on les laisse bouillir un certain temps dans l'eau (c'est une décoction), soit encore on en fait des macérations à froid.

Les tisanes

Les tisanes devraient être fraîches et on ne devrait pas en préparer plus que ce qu'il faut pour la consommation d'une journée. La plupart du temps, on met le produit, frais ou séché, dans une tisanière en porcelaine pré-chauffée et on verse l'eau bouillante par-dessus, on couvre et, après un certain temps, on passe le tout au filtre (c'est une tisane).

En revanche, on met les racines coupées

On attache les herbes en bouquet, avec leurs fleurs, et on les suspend par les tiges.

menu dans l'eau froide et on laisse bouillir le tout pendant une ou deux minutes avant de le filtrer (c'est une décoction).

Macérations à froid

On prépare les macérations à froid en versant de l'eau froide sur les herbes, et puis on les laisse un certain temps en les remuant souvent.

Quelle que soit la manière dont elles sont préparées, les tisanes ont leur plus grande efficacité quand on les prend sous forme de cure. Pour cela, on boit régulièrement chaque jour, 2 à 3 tasses de tisane chaude, par petites gorgées, pendant 4 à 8 semaines, ou plus. Il faut changer les doses indiquées pour les enfants, les personnes qui ont un poids inférieur à la moyenne ou qui sont faibles : on diminue de moitié la quantité de tisane, mais on ne change pas la force de l'infusion ni la durée de la cure.

Compresses, lavements, bains de vapeur et bains complets

Pour ces usages-là, on prépare souvent une infusion bien plus concentrée. On verse 2 à 3 litres d'eau bouillante sur 150 à 300 grs de produit, puis on met cette préparation dans le bain après l'avoir laissée infuser le temps réglementaire ou bien on l'utilise telle quelle, sans la diluer (pour les compresses et les lavements). Des indications individuelles sont données à partir de la p. 43.

Coussins d'herbes

Ces coussins d'herbe, remplis d'herbes contenant des huiles essentielles (valériane, thym, lavande, sauge) sont des aides précieuses en cas d'insomnies, de nervosité et de maladies des voies respiratoires supérieures. Vous pouvez coudre vous-mêmes les ''taies'' en toile, en mousseline ou en coton. On les place à l'endroit où l'on dort habituellement, sur l'oreiller ou bien on les glisse dans la taie d'oreiller.

Coussins chauds

Pour une thérapie efficace par la chaleur, en cas de rhumatismes et de courbatures, chauffez les coussins d'abord à la vapeur et posez-les ensuite aussi chauds que vous pouvez le supporter.

Jus

On peut préparer les jus pour l'hiver dans toutes les centrifugeuses à vapeur de ménage. Pour préserver les principes actifs le plus complètement possible, il est important de travailler vite. On verse le jus encore bouillant dans des bouteilles propres et foncées (voir p. 39), que l'on ferme hermétiquement.

Jus frais

On les presse juste avant l'emploi. On trouve de bons presse-fruits dans toutes les quincailleries. Vous pouvez presser les baies ainsi que les racines juteuses (le raifort) sans adjonction de liquide, après les avoir coupées en menus morceaux. Les racines plus compactes, les feuilles et les plantes entières, vous devez d'abord les hâcher grossièrement, les recouvrir d'un peu d'eau froide et les laisser tremper quelques minutes. Ce n'est qu'après ceci que le rendement sera bon dans le presse-fruits.

Feuilles fraîches

De nombreuses plantes médicinales comme la mélisse, la menthe poivrée, le thym ont aussi une efficacité si on mâche les feuilles fraîches. Elles stimulent le flux des sucs digestifs et aident souvent à retrouver l'appétit après de graves maladies. Il suffit de quelques feuilles. C'est quelque chose pour les gens qui n'aiment pas la tisane.

Les plantes

Symboles et explications

❶ Les plantes annuelles poussent, fleurissent, forment des graines et meurent, le tout en l'espace d'une année.

❷ Les plantes bisannuelles poussent le premier été, fleurissent et forment des fruits l'année suivante ; ensuite elles meurent.

♃ Les plantes vivaces vivent plusieurs années. Les espèces à feuilles persistantes gardent leur feuillage ; chez les autres, les parties qui sont au-dessus de la terre meurent en automne. Au printemps, les rhizomes donnent de nouveau.

◊ Les sous-arbrisseaux vivent pendant des années ; les parties ligneuses gèlent en hiver. Au printemps, les plantes repoussent.

♦ Les arbustes ont des pousses ligneuses qui gèlent rarement et, en principe, ils continuent à pousser au printemps.

Les arbres ont un tronc et une couronne. Selon l'espèce, ils vivent des dizaines ou des centaines d'années.

Possibilité de conserver la plante en pot.

Emplacement ensoleillé.

◑ Emplacement mi-ombragé.

● Emplacement ombragé.

❄ Protection d'hiver indispensable.

⊙ Plante produisant des fruits décoratifs.

△ Culture recommandée en serre froide.

✂ Convient pour fleurs à couper.

Plante aromatique à fleurs ou à feuilles parfumées, ou bien les deux.

± Plantes mellifères et/ou plantes à bourdons et à papillons.

Les plantes persistantes ne perdent pas leurs feuilles.

I-XII Les chiffres romains indiquent les mois de floraison.

Insecticide : Produit pour combattre les insectes*.

Fongicide : produit pour combattre les champignons.

Herbicide : produit pour combattre les mauvaises herbes.

Produit anti-limaces : produit pour combattre les limaces.

g/l : poids en grammes de compost qui doit être mélangé à 1 litre d'eau.

g/m² : poids en grammes de compost pour 1 m² de terre.

25 × 20 : le premier chiffre donne la distance des rangées de semis ou de plantes, le deuxième chiffre donne la distance des plantes entre elles dans la rangée.

* Ce produit, ainsi que les autres, doit être évité dans le jardin familial. Il y a des moyens moins dangereux pour récolter des plantes saines.

Pensée des champs

Viola tricolor

Famille : Violacées

Pensée sauvage, fleur de la Trinité, herbe de la Trinité. violette tricolore, violette sauvage.

❶-♃ ☼-◑ ± V-VIII

Déjà à la Renaissance on faisait des infusions de pensées contre les rhumatismes et on utilisait ses qualités dépuratives dans les cas d'éruptions ou d'impuretés cutanées en buvant une tisane de pensée et en lotionnant l'épiderme avec une compresse de la même préparation.

Elles poussent chez nous librement, dans les champs et les terrains plutôt secs ainsi qu'au Proche-Orient et en Afrique du Nord. Elles conviennent bien aux parties du jardin qui sont aménagées de façon plus naturelle, mais elles s'adaptent et fleurissent aussi en pot et en jardinière.

Aide : en cas de gourme et d'eczéma chez les petits enfants, d'acné chez les adolescents, mais aussi d'autres irritations de la peau.

Constituants : saponines, flavonoïdes, acide salicylique, tanins, substances amères.

Culture

Les pensées des champs poussent dans les bonnes terres de jardin, pauvres en substances nutritives et sans humidité stagnante.

Vous trouverez des graines auprès des firmes indiquées p. 121. Semez fin juillet-début août dans des caisses, ne couvrez pas, placez-les dans un endroit ombragé, mais clair, sans ensoleillement direct et maintenez-les humides. Au bout d'une semaine, vous verrez apparaître les premiers germes, et deux semaines plus tard, vous pourrez normalement repiquer.

Du début à la mi-septembre, replantez-les dans la planche, ou bien dans des pots d'au moins 12 cm de profondeur, toujours à une distance de 20 × 10 cm. Ce n'est que de cette manière que se formeront assez de racines encore avant les gelées. Les pensées des champs sont hiémales ; seules les plantes en pots ont besoin, pendant les mois froids, d'une légère protection de brindilles de sapin, ou bien d'un film plastique (une toile à ombrer).

A partir de mars, vous devez mettre sur les plantes en pots, une fumure liquide, à peu près toutes les deux semaines, à raison d'1 ou 2 g/l, ou bien toutes les trois semaines avec un engrais organique liquide. Arrosez ensuite courtement avec de l'eau claire ! Si vous n'utilisez pas toutes les plantes ni toutes les fleurs, laissez les capsules contenant les graines se former. Vous pourrez conserver les semences dans de simples enveloppes étiquetées, où elles finiront de sécher ; vous les aurez pour le semis de l'année suivante.

Les pensées sauvages plantées dans le jardin, vivent, croissent et fleurissent souvent quelques années, mais elles ne donnent de bons rendements que pendant deux ans.

Récolte, préparation, utilisation

On coupe la plante en fleur en avril, début juillet et, souvent, encore une troisième fois fin août, on l'attache en bouquet, on la suspend à l'ombre, et on la fait sécher le plus rapidement possible. Si l'on veut encore récolter quelque chose sur les mêmes plantes l'année suivante, il faut renoncer à la récolte.

Les pensées des champs sont des fleurs charmantes, ancêtres des hybrides de *Viola wittrockiana*. A droite : ici, une grande image de l'arnica, à l'odeur épicée.

Tisane : verser 1/4 l d'eau bouillante sur 2 cuillers à café rases de pensée séchée, filtrer après 10 minutes. Des compresses, des enveloppements humides et des lotions pour le visage faits avec cette tisane aident en cas d'acné et d'impureté de la peau.

Une infusion prise trois fois par jour agit également contre l'acné et les impuretés cutanées, mais aussi contre le catarrhe des voies respiratoires supérieures, avec une toux sèche. La tisane aide aussi en cas de rhumastimes.

On prépare l'alimentation des nourrissons et des petits enfants qui souffrent de gourme et d'eczéma avec de la tisane de pensée, et non avec de l'eau.

Arnica

Arnica chamissonis, A. Montana
Famille : Composées
Arnique des montagnes

♃ ☼-◑ ± ♧ VI-VIII

A. chamissonis, une proche parente de notre plante des Alpes, a été introduite chez nous alors qu'elle est originaire d'Amérique du Nord. Elle pousse sur la côte du Pacifique, de l'Alaska à la Californie, ce qui montre bien sa faculté d'adaptation. Depuis quelques temps, on sait que la quantité et la qualité de ses principes actifs ne sont pas moindres que ceux de l'arnique des montagnes. En outre, elle est très facile à cultiver dans un jardin, si bien qu'en fait, je peux vous la recommander.

L'arnique des montagnes (*A. montana*), une plante médicinale connue depuis très longtemps, est devenue rare, et c'est pourquoi elle est partiellement protégée*.

On n'a pas le droit d'en cueillir plus de quelques fleurs, et il est interdit de les abîmer et de les déplanter. En France, elle s'appelle le Tabac des Vosges ou Tabac des Savoyards, parce que les feuilles pulvérisées peuvent servir d'herbe à éternuer.
Aide : en cas de claquage musculaire, de contusions, de saignements, de plaies guérissant mal, de coupures, d'écorchures (c'est le médecin qui soigne les plaies ouvertes), d'inflammations de la bouche et du pharynx, de migraines.
Constituants : huile essentielle, substances amères, tanins, glucosides flavoniques, agents bactériostatiques.

Culture :

A. chamissonis pousse dans toutes les terres de jardin, à un endroit ensoleillé, mais aussi mi-ombragé. L'arnique des montagnes ne pousse que dans des planches préparées spécialement, ayant un pH de 4,5 à 5,5 avec les mêmes exigences de luminosité. Vous vous procurerez les graines

*NdT Ce n'est pas le cas en France où elle n'est pas rare.

auprès des firmes citées p. 121. Les graines de l'arnique des montagnes sont souvent en très petit nombre. Si vous en récoltez vous-mêmes veillez à ce qu'elles soient aussi fraîches que possible pour le semis et surtout qu'elles n'aient pas été conservées, même soigneusement, plus d'un an !

Les mois de semis sont avril ou juillet. Mettez au fond du récipient, une couche de sable grossier et, par-dessus, de la terre toute prête, non fumée, que vous vous procurerez dans de nombreux centres de jardinage. Semez en couche fine, recouvrez très peu, humidifiez avec précaution et protégez, pour l'ombrager en été, avec une housse de plastique ou une feuille. Les graines germent au bout d'une semaine. Les replants du semis de juillet sont repiqués dans des caisses et passent l'hiver dehors. On plante les replants issus du semis d'avril, en août-septembre, après les avoir repiqués une fois : *A. chamissonis* à une distance de 20 × 15 dans la planche, *A. montana* dans des pots avec de la tourbe blanche ou de la terre toute prête non fumée. Vous devez arroser les plantes en pots toutes les deux semaines environ, avec une solution d'engrais à fleurs (1 g/l), puis avec de l'eau claire. Il faut décalcifier l'eau pour l'arnique des montagnes en suspendant des sacs remplis de tourbe ; on doit renouveler la tourbe tous les deux ou trois jours. Dernière fumure, selon le temps, fin août ou début septembre.

Lors des hivers sans neige, toutes les sortes d'arnica ont besoin de protection avec des brindilles de sapin ou un film plastique ; en cas de temps doux et très sec, ils ont besoin aussi d'un peu d'eau. Mais attention ! Le risque de noyade est aussi grand que celui de dessèchement ! Pendant de longues périodes pluvieuses, il est préférable d'installer les pots et les caisses sous un toit, c'est-à-dire dans une couche bien aérée ou bien sur la terrasse.

Dès que la terre s'est dégelée, au printemps, on donne de nouveau aux plantes en pots 1 à 2 g/l d'un engrais pour fleurs, toutes les 2 à 3 semaines, pour qu'elles ne meurent pas de faim. Dès qu'elles ont bien poussé, on les replante dans des jardinières de balcons remplies de tourbe, ayant 18 à 20 cm de profondeur, ou bien dans une planche de tourbe. Pour cela, vous devez creuser le sol à 30 cm de profondeur et entourer ce carré d'un muret de ciment, de plaques d'éternit ou de planches solides, de la même profondeur, dépassant la surface du sol de 3 à 5 cm. Cet entourage retient l'eau calcaire et la terre calcaire endehors. On remplit la fosse d'une couche de 5 cm de gravier ou de sable grossier et on recouvre d'un substrat à base de tourbe ayant le bon pH et une légère fumure (1 g/l). A la fin de l'automne, on recouvre la planche d'une couche de tourbe épaisse d'un doigt. Cela protège des gelées et maintient l'acidité de la terre.

Avec un peu de chance, vous pouvez espérer avoir les premières fleurs du semis d'avril de l'année précédente, déjà fin mai ; vous attendrez un an pour avoir celles du semis de juillet. Ceci est valable pour les deux espèces.

A. chamissonis pousse et fleurit sans traitement particulier. A chaque printemps, donnez du compost ou bien un peu d'engrais organique, cela suffit. Désherber, à l'occasion, ameublir le sol superficiellement et arroser en période de sécheresse, c'est tout ce qu'il y a à faire comme soins.

La valériane est une belle plante. Beaucoup de gens détestent son odeur, mais les chats en sont fous !

Les deux espèces d'arnica donnent souvent, au printemps, l'impression d'être mortes, mais, normalement, le système radiculaire important se développe et elles fleurissent de nouveau.

Récolte, préparation et utilisation

On cueille les fleurs sous le soleil, on les libère de ce calice un peu dur et on les fait sécher aussi vite que possible à l'ombre ou bien au four, à une température ne dépassant pas 40 °C.

Infusion (tisane) : verser 1/4 l d'eau bouillante sur deux cuillers à café rases de fleurs d'arnica séchées, filtrer au bout de 10 minutes. Des compresses de cette lotion aident en cas de petites blessures guérissant mal, font rapidement dégonfler et diminuer la douleur en cas de foulures, d'entorses, de fractures et d'hémorragies. Important : il ne faut pas que le bandage (perméable à l'air) se dessèche, il doit donc toujours être humidifié et ne doit absolument pas être recouvert de plastique. La tisane convient bien aussi pour les gargarismes et le rinçage de la bouche en cas d'angines et d'inflammation des muqueuses.

Vu les réactions secondaires, il est déconseillé de le prendre à usage interne en cas de maladie des coronaires !

Teinture : remplir une bouteille d'1 litre aux 2/3 environ de fleurs d'arnica effeuillées. Verser dessus de l'alcool de pharmacie à 35 ou 40 %, de manière à ce que les fleurs soient recouvertes. Laissez reposer 15 à 20 jours dans la bouteille bien bouchée. Puis filtrer à travers un linge et conserver dans de petites bouteilles teintées.

Pour les compresses, on met 1 à 2 cuillers à café de teinture dans un verre d'eau tiède. On utilise la même concentration pour les gargarismes et les rinçages de bouche.

Diluée à l'eau dans une proportion de 1/1, la teinture d'arnica, avec ses propriétés stimulantes de la circulation sanguine, peut être utilisée en friction, en cas de douleurs rhumastimales, nerveuses ou de migraines.

En vase : les fleurs d'arnica forment un joli bouquet, qui tient assez longtemps.

Valériane

Valeriana officinalis

Famille : Valérianacées

Herbe aux chats, herbe aux coupures, herbe à la femme battue, guérit-tout.

♃ ☼-◑ ⚘ VI-IX

C'est un médecin égyptien du IXe siècle qui mentionne pour la première fois la valériane comme remède. Chez nous, le Moyen-Age voyait en elle une panacée ayant, entre autres, des propriétés fébrifuges. De nos jours, la valériane jouit d'une excellente réputation dans un domaine bien précis.

Chez la valériane, ce sont les racines qui possèdent les vertus curatives

La valériane pousse librement dans presque toute l'Europe, en Asie occidentale et centrale, au Caucase, en Sibérie, au nord-est de la Chine, au Japon et en mandchourie. Elle s'est propagée également au nord-est de l'Amérique du Nord. Cultivée en grand par l'industrie pharmaceutique, elle peut être introduite aussi dans un jardin familial : en outre, son feuillage décoratif et le parfum de ses fleurs roses en font une plante que l'on aime bien voir pousser de façon naturelle dans les grands jardins et les parcs.

Aide : en cas d'insomnies, de nervosité, d'agitation. Bien dosée, elle ne fatigue pas.

Constituants : acide valérianique, huile essentielle et une substance anti-spasmodique. Ces constituants n'ont une action bienfaisante que dans leur totalité.

Culture

La valériane a besoin d'un sol de jardin profond, calcaire et humide. Dans une terre très lourde ou trop sèche, les racines ne se développent pas aussi bien, et dans une terre purement humosique, il est difficile de les nettoyer. On peut augmenter le rendement en faisant des apports de compost et d'un peu de fumier entièrement décomposé. En outre, sur la plupart des sols, il est nécessaire de faire une fumure de magnésie potassique. On trouve les graines et les plantes auprès de firmes spécialisées (voir p. 121). les graines ne gardent leur propriété germinative que pendant six mois !

Pour une culture de replants, il faut semer en mars-avril dans des petits pots avec une terre à semis de qualité, on presse légèrement, on ne couvre pas et on maintient l'humidité pendant 1 ou 2 semaines jusqu'à la germination, à une chaleur de 18 °C. Une toile ombrante offre une protection complémentaire contre le dessèchement. 14 jours après la germination, les replants reçoivent une fumure de 1 g/l, une fois par semaine, à partir de la 3e semaine,

2 g/l deux fois par semaine et, juste avant d'être replantés, 3 g/l deux fois par semaine.

On les repique aussitôt que possible, on baisse alors lentement et progressivement la température jusqu'à 10 °C le jour, et 6 °C la nuit. Fin mai-début juin, on les plante dans la planche, à une distance de 40 × 25 cm. Ne pas oublier de maintenir l'humidité ! Vous pouvez aussi semer directement en pleine terre, fin août-début septembre. Afin que la terre "se stabilise" avant le semis, on ratisse le sol une dizaine de jours avant, en émiettant les grumeaux le plus finement possible. Dans une terre trop meuble, les grains glissent dans les profondeurs et ne germent pas. Distance entre les rangées 40 cm. Normalement on n'éclaircit pas.

Il est préférable de n'acheter que quelques plants : rapidement, au début du printemps vous pourrez couper les gourmands et les replanter et si vous les soignez bien, il y aura déjà une petite récolte en racines en automne de la même année.

La division est aussi possible. Mais les parties coupées donnent de nombreuses inflorescences qu'il faut couper au début. afin qu'elles ne réduisent pas la production de racines. Maintenir la terre meuble, désherber, arroser en temps de sécheresse et supprimer les inflorescences, cela suffit comme entretien.

Récolte, préparation, utilisation

En octobre-novembre, on fauche les herbes et on déterre les racines : la première année dans le cas des replants, l'année suivante s'il s'agit d'un semis. Si le temps est vraiment trop défavorable, on peut repousser la récolte au printemps suivant. Il faut alors secouer les racines, les nettoyer complètement et les débarrasser de toutes les radicelles avec un peigne grossier. L'odeur caractéristique, qui a un attrait magique sur les chats, ne se développe que lors du séchage.

Tisane : verser 1/4 l d'eau froide sur 2 à 3 cuillers à café de racines coupées menu, laisser reposer 10 à 12 heures en remuant de temps en temps, filtrer. Vous pouvez boire cette tisane aussi légèrement rechauffée ou selon les besoins, par petites gorgées tout au long de la journée ou bien 2 ou 3 tasses, régulièrement chaque jour. Elle calme, mais n'endort pas. C'est pourquoi elle convient fort bien aux personnes qui passent des examens.

Bains : on laisse reposer, pendant 10 heures, 100 g de racines de valériane hâchée menu avec 1 l d'eau froide, et ensuite, on filtre. Ajouté au bain, cet extrait détend et incite au sommeil.

Coussins d'herbes : on les remplit de racines de valériane concassées et on les pose sur l'oreiller ; ils aident également à trouver un meilleur sommeil.

Armoise

Artemisia vulgaris

Famille : Composées

Artémise, armoise citronnelle, remise, herbe de feu, herbe aux cent goûts, tabac de Saint-Pierre.

♃ ☼-◑ ± ♤ VIII

L'armoise était, déjà au Moyen-Age, un remède précieux. La recommandation "Lorsque l'on voyage à pied et que l'on porte cette herbe dans ses chaussures, on ne connaît pas la fatigue" explique le nom allemand "Beifuss" (au pied). Son effet n'est plus à démontrer. L'armoise fait aussi

On trouve l'armoise, avec sa silhouette pittoresque, poussant librement dans les terrains vagues et les éboulis.

A droite : la sarriette fait obligatoirement partie de tous les plats de haricots qui, sans elle, n'ont pas vraiment "leur goût".

partie du bouquet de plantes aromatiques qui est consacré, le jour de l'Assomption, dans les églises catholiques.

Aide : en cas de troubles digestifs et intestinaux, de manque d'appétit, de diarrhée. Elle stimule le flux biliaire et atténue les calculs biliaires.

Constituants : huile essentielle, tanins, substances amères, résine.

Culture

L'armoise pousse, de préférence, dans une terre perméable, calcaire, même si elle contient peu de substances nutritives. Mais dans les sols plus riches, elle se développe de façon plus opulente.

Vous trouverez ces semences très fines auprès des firmes citées p. 121. On sème en mars, on transplante une à deux fois.

Le plus simple est d'acheter les premières plantes ou bien d'obtenir, auprès de vos voisins, des plantes par division ; 3 à 4 sujets suffisent pour une famille moyenne.

Que ce soit des plantes divisées, des plantes achetées ou des replants, on les met à leur place définitive, à une distance de 40 × 40 cm au début de l'automne. Plantez-les fermement et arrosez abondamment. Au bout de 5 à 6 années, au plus tard, il faut diviser l'armoise. Afin qu'elle ne se lignifie pas trop vite, elle a besoin d'humidité en suffisance et d'un peu d'azote. Trop d'azote n'est pas bon non plus, parce que cela amène la formation de beaucoup de feuilles et de peu de fleurs. Fournissez donc à la planche une ration de compost à chaque printemps. Si on taille les plantes au printemps, à une main au-dessus du sol, elles passeront l'hiver mieux que si on les rabat en automne. Il n'est pas nécessaire de leur donner une protection en hiver : l'armoise est robuste.

Dans un récipient profond (30 cm) vous pouvez conserver la plante pendant 2 à 3 ans, en la taillant comme il faut, et en lui donnant des substances nutritives sous forme liquide (3 g/l toutes les 2 ou 3 semaines).

Récolte, préparation, utilisation

A la floraison, on coupe les hampes florales supérieures, lorsque les fleurs sont encore fermées, on les attache en bouquets et on les suspend pour les faire sécher.
Tisane : verser 1/4 l d'eau bouillante sur 1 cuiller à café d'herbe hâchée menu, laisser infuser 2 minutes, filtrer.

La tisane agit en cas de troubles digestifs et intestinaux accompagnés d'une mauvaise haleine et de diarrhée ; elle stimule le flux bilieux ainsi que l'appétit. On en boit 1 à 3 tasses par jour, le goût amer qui lui est propre ne peut pas être atténué par des sucreries, ce qui, en outre, serait tout à fait inopportun.
Epice : ses hampes florales encore fermées, si possible fraîches, sinon séchées, accompagnent délicieusement les viandes grasses, comme garniture aussi pour viande de canard ou d'oie, ou encore avec d'autres légumes pour faire des soupes et des salades. Elle rend les plats gras plus digestes.
Lutte contre les mouches : suspendue en bouquet au plafond de l'étable, l'armoise attire les mouches. Par-dessous le bouquet on glisse un sac et on brûle le tout.

Sarriette

Satureja hortensis
Famille : Labiées
Savourée, sadrée, poivrette, sentibon

❶ ☼ ± 🌹 ♘ VII-X

Sarriette des montagnes (*Satureja montana*)
Famille : Labiées

♃ ☼ ± 🌹 ♘ ❄ IX

Les deux espèces de sarriette ont les mêmes vertus et aussi le même goût, quoiqu'un peu plus intense chez la sarriette de montagne. Le parfum se dégage de la plante. L'espèce annuelle est originaire de l'est du bassin méditerranéen ; elle était déjà appréciée chez les Romains en tant qu'épice et elle fut apportée par des moines en Europe centrale. Dans le plan du jardin du cloître de Saint-Gall, elle est mentionnée en tant que "sata regia". La sarriette de montagne provient aussi du bassin méditerranéen : elle pousse au sud de l'Europe, au sud de la Russie et dans les Balkans.

Aide : en cas de flatulences, de manque d'appétit, de diarrhées accompagnées de phénomènes de fermentation, de toux et de formation de glaires.

Constituants : huile essentielle, tanins, substances amères, sitostérine, acides de sel. L'huile essentielle contient du cymol et du thymol.

Culture

Les deux espèces aiment les sols légers et calcaires. On cultive la sarriette chaque année à partir de nouvelles semences (issues de l'année précédente) ; elle a besoin de 10 à 14 jours pour germer. En plein air, il ne faut pas semer avant fin avril-début mai, ou alors éventuellement entre des légumes bas. On la met dans la planche de haricots, 2 ou 3 semaines avant les haricots ; cela augmentera le rendement et préviendra les attaques de pucerons sur les fèves. Si vous semez 1 ou 2 fois, à 3 ou 4 semaines d'intervalle, vous aurez de la sarriette fraîche à disposition, d'un bout de l'été à l'autre.

Afin de récolter assez de feuilles, et pas trop de tiges, semez finement en rangées à 20 cm de distance et éclaircissez plus tard de façon à avoir 15 à 20 cm entre chaque plant. Par temps froid, les semences germent souvent mal. Par temps couvert, aidez-vous d'un film à fentes que vous enlèverez plus tard, pour éviter de causer des dégâts. Si vous semez dans une couche ou bien dans un pot devant la fenêtre, les graines ne mettront que quelques jours à germer et vous pourrez les repiquer rapidement. Pas de température supérieure à 18 °C !

Après les Saints de glace, on replante à une distance de 20 × 15 cm, on arrose et on maintient humide. Dès que les premières feuilles fraîches apparaissent, on n'a besoin d'arroser qu'en cas de sécheresse persistante.

Les plantes en pots se dessèchent plus facilement, elles doivent donc être plus souvent arrosées. A partir de la 5e semaine après le semis ou la plantation, on donne, une fois par semaine 1 g/l ou bien une petite injection d'engrais organique liquide dans l'eau d'arrosage.

La sarriette de montagne est résistante et généreuse : 8 plantes suffisent pour une famille moyenne. Achetez des replants plutôt que de les faire vous-mêmes. Cette espèce doit être renouvelée au bout de 4 à 5 ans.

Si vous voulez faire des replants vous-mêmes, procédez comme pour la culture de la sarriette annuelle, mais la distance entre les plantes sera ici de 25 × 25 cm dans les planches et de 20 × 20 cm dans les rocailles et les bordures. En hiver, protégez les plantes placées dans les endroits exposés avec une petite couche de brindilles de sapin. On rentre les plantes en pots à la maison après la première gelée nocturne, on les met dans une pièce claire et fraîche (12 °C à 15 °C) et on les arrose peu. Attention à ce que l'air ne soit pas trop sec !

Après l'hiver , il faut tailler jusqu'à 6 ou 8 cm : on stimule ainsi fortement la repousse. Il faut renouveler la terre, sans endommager les racines.

L'aurone est trop peu connue. Elle relève le goût des fritures et les rend plus digestes. Les feuilles fines font un très bel effet dans les bouquets d'été.

Lorsque la repousse commence, chaque plante reçoit du compost de 2 à 3 g/l d'engrais organique liquide, selon la prescription. Il est bon de fumer même après la taille ou la récolte. Cela empêche les tiges de devenir trop ligneuses et favorise une repousse rapide. Afin que les pousses soient assez fermes avant l'hiver (voir p. 22), il ne faut plus mettre d'engrais après la mi-juin et ne plus tailler après début septembre.

Récolte, préparation, utilisation

Pour la tisane, on cueille la plante entière juste avant qu'elle ne fleurisse et on la fait sécher brièvement à l'air.

Tisane : verser 1/4 l d'eau bouillante sur 2 cuillers à café d'herbe hâchée menu, laisser infuser 10 minutes, filtrer et boire chaud. Contre la toux et la formation de glaires, on sucre la tisane avec du miel. Pour les difficultés de digestion, on la boit sans sucre.

Cuisine : les feuilles et les pousses des deux espèces, fraîches ou séchées, accompagnent parfaitement, avec leur goût poivré, les légumineuses qui causent, ainsi, moins de flatulences, et aussi les soupes, les poulets rôtis, les pommes de terre sautées, les plats de champignons. Vous ne devriez jamais manquer de haricots : faites-en des conserves pour l'hiver en y mettant tout de suite de la sarriette. Un soupçon de sarriette crue relève mayonnaise et salade de pommes de terre. En mélange avec d'autres herbes, elle donne un très bon goût au poisson et aux cornichons. C'est une composante importante du vinaigre aux herbes.

Aurone

Artemisia abrotanum

Famille : Composées

Aurone mâle, abroton, citronnelle, garde-robe.

◊  VII-X

L'aurone, originaire de l'Asie occidentale et du sud-est de l'Europe, s'est répandue

On voit parfois encore, dans les jardins paysans, des bouquets de guimauve aussi décoratifs.

dans de vastes régions partout en Europe. Chez nous, on connaissait cette plante et on l'appréciait déjà au Xe siècle.

On utilisait les rameaux feuillus, à cause de leur forte odeur citronnée, comme ersatz d'encens et aussi pour les philtres d'amour. De nos jours, cette herbe médicinale est très peu cultivée dans les jardins : elle est tombée, injustement, dans l'oubli.

Aide : en cas de manque d'appétit, d'affections biliaires, hépatiques et intestinales légères, de flatulences ; en usage externe pour les petites blessures guérissant mal.

Constituants : huile essentielle, tanins, substances amères, abrotine (antiseptique), rutine.

Culture

L'aurone a besoin d'un sol humosique calcaire et d'un emplacement ensoleillé et protégé.

On ne trouve pas de semences à acheter, mais des plants, dans de nombreux centres de jardinage ou bien chez de bons pépiniéristes (voir p. 121). On peut, ensuite, les multiplier en les divisant ou en faisant des boutures. Le bon moment pour la division est le début de la croissance, au printemps. On ne peut le faire qu'avec les plantes pluri-annuelles. On fait les boutures au début de l'été, on plonge les surfaces coupées dans des hormones d'enracinement, puis on les met dans des petits pots remplis de sable et, après l'enracinement, dans un mélange de terre et de sable (proportion : 2/1).

Vous planterez fin avril-début mai les plantes achetées et celles que vous avez obtenues par division, mais les boutures, seulement après qu'elles soient bien enracinées et qu'elles aient un peu poussé ; au plus tard à la mi-août, sinon elles ne pousseront plus assez bien avant l'hiver et elles gèleront vite. Distance : 50 cm de tous les côtés. Arroser abondamment après la plantation ! Les plantes auront besoin d'eau, même plus tard, en cas de temps chaud et sec. Elles supportent mal la sécheresse, surtout la première année.

En octobre, il faut butter les aurones, et leur donner, au début des gelées, une légère couche de brindilles de sapin. Le premier hiver après la plantation, il faut même une couche de feuillage supplémentaire sur les buttes. N'oubliez pas de tailler au printemps, jusqu'à une main audessus du sol, sinon les plantes deviennent trop hautes, s'affaiblissent et donnent trop peu.

Vous pouvez avoir aussi des aurones sur la terrasse et sur le balcon, dans un bac ou dans un grand pot (25 à 30 cm). Mettez un engrais liquide (2 à 3 g/l), en mai, juin et juillet ; renouvelez chaque année la couche supérieure avec du compost ou de la terre toute prête et mettez les plantes, en cas de besoin, dans de nouveaux pots après la division.

Récolte, préparation, utilisation

Au début de l'été, on raccourcit les pointes de 15 à 20 cm, on les fait sécher rapidement à l'ombre ou bien au four, pas audessus de 40 °C.

Tisane : verser 1/4 l d'eau bouillante sur 1 cuiller à café de plante hâchée menu, filtrer au bout de 10 mn. Boire, au gré des besoins, 1 ou 3 tasses par jour, très chaudes, toujours après les repas. C'est un remède familial en cas de légers troubles gastriques et intestinaux. L'action est sem-

blable à celle de l'armoise et de l'absinthe, mais le goût en est beaucoup moins amer.

Compresses : faire bouillir 20 g de feuilles et de pousses, en fleurs, fraîches ou séchées, pendant 10 minutes, dans 1 l d'eau légèrement salée. Après l'avoir laissé refroidir, on peut l'utiliser pour des compresses à renouveler souvent ou pour le nettoyage de petites plaies guérissant mal.

Epice : les feuilles d'aurone fraîches sont une épice qui relève délicatement toutes les fritures. Cela rend la viande et les sauces grasses plus digestes. Quant aux côtelettes et aux escalopes, on les frotte, avant de les faire frire, avec de l'aurone que l'on hâche menue et que l'on ajoute, en fin de cuisson, à la friture ; cela donne un goût particulièrement délicieux.

Décoration florale : le feuillage vert-gris, finement réparti, convient très bien aux bouquets multicolores.

Guimauve

Althaea officinalis

Famille : Malvacées

Guimauve sauvage, althée, mauve blanche, bourdon de Saint Jacques.

♃ ☼ ± VI-IX

Il y a quelques temps encore on trouvait chez nous de la guimauve poussant librement ; ensuite elle est devenue rare, et c'est pourquoi maintenant elle est protégée *.

Son habitat est la Sibérie, l'Altaï, le Proche-Orient et l'Afrique du nord ; elle s'est acclimatée aussi sur la côte d'Amérique du nord. Charlemagne avait prescrit la culture de la guimauve dans les jardins de ses domaines royaux. Aujourd'hui encore, on utilise cette plante pour fabriquer des sirops qui calment la toux.

Aide : en cas de douleurs gastriques, de troubles intestinaux, de toux, d'asthme

**NdT Ceci n'est pas le cas en France, où elle n'est pas rare.*

Bien mûres, les fraises des quatre saisons et les fraises des bois, sont très aromatiques. L'image met déjà en appétit.

chronique de pneumoconiose, d'emphysème, d'inflammations de la bouche, des gencives, du pharynx, de blessures de la peau. **Constituants :** mucilage, amidon, sucre de canne, pectine (en grande quantité dans la racine, en moindre quantité dans les feuilles et les fleurs).

Culture

La guimauve a besoin d'un sol profond, meuble, riche en susbtances nutritives, légèrement humide, mais sans humidité stagnante, et d'un emplacement ensoleillé.

Une fois adultes, les guimauves demandent beaucoup de place. Il faudrait donc leur réserver un coin de jardin dégagé où elles pourront s'étaler. Comptez 2 à 3 plantes/m² et veillez à ce qu'il n'y ait pas eu, à cet endroit, les 4 ou 5 années précédentes, de guimauve ni d'autres malvacées, comme des roses trémières, sinon il y a un risque de rouille. Achetez plutôt les quelques plants dont vous avez besoin pour votre jardin. Au bout de quelques temps, vous les diviserez pour en avoir plus. Plus tard, vous aurez les graines de vos propres guimauves, si vous ne récoltez pas toutes les fleurs. On cueille les fruits quand ils tournent au brun, on fait sécher les graines à 35 °C et on les conserve au frais, dans des bocaux fermés hermétiquement. Un produit de conservation acheté en pharmacie empêchera l'humidité de s'installer, ce qui gâterait toute la récolte.

On peut semer dans une mini-serre ou bien dans une couche. On met fin mars-début avril, 3 graines par pot de 6 cm avec du terreau, on presse légèrement, on recouvre d'une fine couche, on arrose avec précaution et on protège tous les pots en les recouvrant de plastique transparent. En cas de forte chaleur, veillez à ce qu'il y ait de l'ombre ! Dans les caisses et les mini-serres non chauffées, on atteint la température nécessaire à la germination (20 °C à 25 °C) en mettant dessous un tapis chauffant spécial (en cas de chaleur, il faut contrôler au thermomètre !). Lorsqu'au bout d'1 ou 2 semaines, les plantes ont germé, on baisse lentement la température jusqu'à 16 °C le jour et 12 °C la nuit. Fin avril-début mai, on commence à les endurcir (voir p. 29).

A partir de la 3e semaine après la germination, on donne aux plantes 1 g/l d'engrais complet, une fois par semaine. On les replante à la mi-mai ou fin mai avec une motte de racines bien humidifiée, si possible non endommagée. Souvent, il y a des fleurs dès la première année.

Désherbage, ameublissement et arrosage abondants en cas de sécheresse, suffisent comme soins. En plus, au printemps, la guimauve recevra une bonne portion de compost ou d'engrais organique .

Récolte, préparation, utilisation

Les racines de la deuxième année contiennent la plupart des principes actifs. On les déterre par une journée chaude, on les nettoie soigneusement à l'eau, on les coupe en morceaux de 3 à 10 cm de longueur et on les fait sécher au four à une température variant de 30 °C à 50 °C, pas plus ! Le processus dure de 20 à 40 heures. Les racines pas tout à fait sèches se couvrent de taches, sentent le moisi, et, non seulement elles sont impropres à la consommation, mais elles deviennent tout simplement toxiques ! On cueille des fleurs et des feuilles, sans taches et jeunes et on les fait sécher rapidement à l'ombre, en fines couches.
Tisane : on verse 1/4 l d'eau froide sur 2 cuillers à café de racines de guimauves cou-

pées, on tourne de temps en temps et on laisse reposer une demi-heure. Pour finir, on tourne encore une fois vigoureusement et on filtre à travers de la mousseline. On boit cette tisane, non sucrée, en cas de troubles gastriques et intestinaux. Elle sert également pour des lavements, des gargarismes ou pour bander des blessures. Sucrée avec du miel, elle combat la toux.
La **bouillie** de feuilles de guimauve est conseillée en médecine populaire pour faire une compresse en cas de blessure.
Sirop : faire bouillir pendant 15 minutes 40 g de racines de guimauve hâchée dans 1 l d'eau, filtrer, ajouter 1,5 kg de sucre, amener de nouveau à ébullition et verser dans des bouteilles de verre teinté. Prendre 2 à 4 cuillers à soupe par jour pour la toux.
Remède contre la toux : on fait boullir les fleurs dans un peu d'eau et beaucoup de miel. Vous pouvez aussi faire bouillir les fleurs dans très peu d'eau, filtrer et faire fondre le miel seulement ensuite dans le liquide.
Petit morceau de racine : en cas de maux de gorge ou d'inflammation, on mâche un petit bout de racine fraîche ou séchée, non préparée, cela soulage les douleurs.

Fraises des quatre saisons
Fraises des bois

Fragaria vesca var. semperflorens, F. vesca
Famille : Rosacées

♃ ◑ ± V-IX

Les fraises des quatre saisons ressemblent beaucoup aux fraises des bois, qui poussent librement presque partout dans l'hémisphère nord. On les cultivait, au XIVe siècle, en France et au XVe siècle en Angleterre. En Allemagne, elles ne sont connues que depuis le milieu du XVIIIe siècle. Les fruits sont très appréciés pour leur goût délicat, avant tout, mais aussi pour leur action positive sur la santé.

En médecine, ce sont les feuilles de fraisiers qui sont les plus recherchées. Non pas celles des cultures de fraisiers en gros, mais celles des fraises des bois et des fraises des quatre saisons.

Aide : en cas de troubles gastriques et intestinaux, de diarrhée, d'inflammation des muqueuses, d'affections hépatiques et biliaires.

Constituants : les feuilles contiennent du tanin, de l'huile essentielle, des flavonoïdes. Les fruits contiennent beaucoup de vitamine C à côté d'autres vitamines, des acides de fruits, des substances minérales, des sucres.

Culture

Les fraises des quatre saisons ont besoin, autant que les fraises des bois, d'un sol humosique, léger, toujours légèrement frais, mais sans humidité stagnante. Elles ne poussent pas bien aux endroits chauds et secs : les fruits deviennent durs et ont un goût fade. Ce qu'elles préfèrent, c'est un endroit ombragé, mais clair, en bordure de forêt.

On trouve des graines dans les commerces spécialisés. De bonnes variétés sont : 'Gorella', 'Sans Rivale', 'Gariguette', 'Darstar'. Dans de nombreux centres de jardinage, on peut aussi acheter des replants. Vous trouverez des replants de fraises des bois (*F. vesca*) auprès des firmes spécialisées (voir p. 121). La date de semis est de mi-mars à fin mars. Remplissez la coupe avec de la terre à cactées, que vous trouverez également dans tous les commerces spécialisés. Ne recouvrez pas les graines toutes fines ; mais pressez-les seulement un peu et traitez-les comme c'est décrit p. 27. Elles germeront quelques jours plus tard et devront, alors, être placées dans un endroit clair, mais pas directement au soleil. En avril, il faut pouvoir continuer à les surveiller : pour cela mettre les petits pots de 5 cm dans des caisses à l'extérieur, à un endroit protégé, demi-ombragé. On les replante en pleine terre à la mi-mai, au pied d'arbres, là où il fait chaud et où le soleil ne brille que jusqu'à 10 heures du matin, ou bien en bordure de chemins ou de plates-bandes légèrement ombragés.

Afin que les fraisiers ne donnent pas trop tôt, ce qui les affaibliraient, on pince les premières fleurs. A partir de juillet, on les laisse fleurir. Les premières fraises sont bientôt là, en éclaireuses. En fait, ce n'est que l'année suivante qu'on peut espérer une véritable récolte.

Les fraises des quatre saisons poussent aussi sur les balcons, dans des pots ou des jardinières, lorsque de bonnes conditions de terre, de lumière et d'humidité sont réunies.

Récolte, préparation, utilisation

On cueille les feuilles sans taches pendant la floraison ; on n'en prend que quelques-unes de chaque plante afin qu'elles continuent à grandir et à fructifier. Faites-les sécher rapidement à l'ombre. C'est lorsque les fraises sont bien mûres, rouges et fraîches qu'elles ont le plus d'efficacité et on les cueille dès qu'elles sentent bon.

Tisane : verser 1/4 l d'eau bouillante sur 2 cuillers à café bien pleines de feuilles de fraisiers réduites en poudre, filtrer au bout de 15 mn. Cette tisane est bienfaisante dans les cas de problèmes gastriques et intestinaux, surtout lorsqu'il y a de la diarrhée ; prendre 3 tasses par jour. En gargarismes et en lavements, elle atténue les inflammations des muqueuses. Les fraises fraîches font du bien au foie et à la vésicule biliaire. Vous pouvez en manger jusqu'à 375 g par jour. Elles ne sont quand même pas tout à fait aussi efficaces que les fraises des bois.

La tisane de feuilles de fraisiers ne provoque pas d'allergies et est toujours bien supportée. Beaucoup de gens ont par contre des réactions allergiques aux fraises, sous forme d'éruptions cutanées : il faut alors y renoncer.

Soins du corps : des fraises fraîches, écrasées, mélangées à un peu de crème fraîche ou de lait sont un produit de soins de la peau, que l'on peut utiliser aussi comme masque facial, lorsqu'on a des petites veines éclatées. 8 ou 10 fraises et 2 cuillers à café de crème fraîche non sucrée suffisent pour cela. On écrase les fraises avec une fourchette, on les mélange en une bouillie épaisse avec la crème et 1 cuiller à café de miel et on étale sur le visage bien nettoyé. Au bout de 20 minutes, on nettoie avec un tampon d'ouate trempé dans du lait tiède. Cela nourrit, rafraîchit, lisse la peau : c'est particulièrement bon pour les peaux sèches et fragiles. Mais, là aussi, vous devez y renoncer si vous êtes allergiques aux fraises.

Soupe de fraises (tirée du livre de recettes de mon arrière grand-mère) : on lave sous l'eau, dans une passoire, 1/2 assiette de fraises bien mûres, puis on les met dans une assiette sèche et on les saupoudre de sucre. Entre-temps, on porte à ébullition 2 1/2 l de lait dans lesquels on a émietté quelques biscottes et 1 petit morceau de cannelle ; on y ajoute alors les fraises, on remue et, s'il y a assez de sucre et de sel, on sert.

Punch à la fraise : 1 kg de fraises des 4 saisons, 100 g de sucre en poudre ou bien 150 g de fructose, 3 bouteilles de vin blanc, 1 bouteille de champagne. Mettre les fraises avec le sucre dans un récipient à punch et laisser reposer pendant 1/2 heure avec un peu de vin blanc. Puis verser le reste du vin blanc tempéré (rafraîchi), et le champagne frais, juste avant de servir. C'est particulièrement bon lorsque chacun a quelques fraises dans son verre !

Crème à la vanille avec crème fouettée et fraises : 500 g de fraises (fraises des quatre saisons ou fraises des bois), 1/2 l de crème fouettée, crème à la vanille faite avec 1/2 l de lait. Préparer la crème à la vanille, à partir de la maïzena avec du sucre vanillé et du jaune d'œuf, ou éventuellement aussi à partir d'un sachet. Remplir une jatte, laisser reposer au frais. Fouetter la crème bien ferme. Répartir les fraises sur la crème à la vanille et recouvrir de crème fouettée.

Verge d'or

Solidago virgaurea

Famille : Composées
Grande verge dorée

♃ ☼ ± ⚘ VII-X

On trouve la verge d'or dans toute l'Europe, en Asie du nord et de l'ouest et en Afrique du nord. Elle se trouve souvent à la lisière et sur les remblais, dans les forêts sèches et claires, aussi bien en plaine que jusqu'à une altitude de 2 500 m. On utilisait cette plante odorante déjà au Moyen-Age, comme diurétique mais aussi pour d'autres affections. On dit que Martin Luther pensait beaucoup de bien de cette plante médicinale.

Aide : en cas d'inflammation des reins et de la vessie, de douleurs en urinant, de maladies de la peau. d'affections hépatiques, d'œdèmes et de blessures guérissant mal.
Constituants : huile essentielle, tanin, substances amères, saponines et flavonoïdes.

Culture

La verge d'or pousse dans n'importe quel jardin, pourvu qu'il y ait assez de soleil.

Vous trouverez les graines dans le commerce (voir p. 121). Elles sont très fines et on les sème fin mars-début avril, tel que c'est décrit p. 27 et suiv.

C'est quand elles sont fraîches qu'elles germent le mieux, et on ne devrait pas, de toutes façons, les garder plus d'un an. Il faut le savoir au cas où vous voudriez vous-mêmes récolter les graines et puis les semer. A une température d'environ 20 °C, la germination dure à peu près 2 semaines. Les replants sont repiqués aussi vite que possible.

On peut multiplier les plantes un peu vieilles en octobre, en les divisant, ou bien en juin, en faisant des boutures. Au début de l'été on plante en pleine terre les repiquages, en août-septembre les boutures de juin, et en octobre les plantes divisées. Distance entre les plants, toujours 40 × 30 cm. Seule, la verge d'or basse *S. virgaurea* 'Nana' peut se contenter d'une distance de 25 × 20 cm. Arrosez aussitôt après la plantation et toujours aussi en cas de sécheresse.

Il faut maintenir le sol meuble et sans mauvaises herbes. Plus tard, après le démarrage de la croissance, il n'y a plus besoin de s'en occuper, sauf pour les éclaircir ou limiter leur prolifération.

Récolte, préparation, utilisation

Au début de la floraison, coupez les hampes florales ouvertes du haut et pas trop ligneuses. Attachez-les en minces bouquets et suspendez-les à l'ombre afin de les sécher, ou bien alors faites-le au four, à une température ne dépassant pas 35 à 40 °C

Les verges d'or possèdent une grande force vitale. Il ne faut pas les laisser trop proliférer.

Lorsqu'elles sont prêtes à être récoltées, les baies de sureau sont d'un noir profond, comme sur l'image.

Dommage qu'on trouve si rarement dans les jardins cet arbre quasiment jamais malade.

Tisane : mettre 1 à 2 cuillers à café de verge d'or dans 1/4 l d'eau froide, amener à ébullition et laisser infuser 2 mn. Boire 3 tasses réparties dans la journée, cela aide en cas d'inflammation des reins et de la vessie, de mictions douloureuses et d'œdèmes. On peut la recommander aussi pour les maladies de peau, les douleurs hépatiques et pour stimuler le métabolisme (cure de désintoxication du sang).

En usage externe, on l'utilise sur les compresses pour les plaies ou les blessures guérissant mal.

Décoration florale : les verges d'or vont très bien dans des bouquets de fleurs des champs multicolores et ont belle allure même dans des bouquets séchés.

Sureau (noir)

Sambucus nigra

Famille : Caprifoliacées

Suseau, susier, sus, seuillon, sambuc, saou, hautbois, arbre de Judas

◊-♦ ☼-◑ ⚘ ⊙ VI-VII

Le sureau est un arbuste ou un arbre qui peut aller jusqu'à 6 m de hauteur ; ses fleurs sentent bon. On le trouve en Europe, dans le Caucase, à l'ouest de la Sibérie, au Proche-Orient et en Afrique du nord. Chez nous, il avait autrefois la réputation d'héberger des bons esprits. C'est peut-être pourquoi on le trouve si souvent près des fermes, des étables et des granges. Il était communément admis que le sureau était un remède efficace pour de nombreuses maladies et pour cette raison on le tenait en grande estime.

Le sureau repousse très vite après avoir été rabattu. Il met de la verdure sur des éboulis, consolide des pentes, protège contre le vent et le bruit et il offre aux oiseaux protection et nourriture. Souvent, des petits arbres poussent à partir de graines qui ont été transportées par des oiseaux, car ils ne peuvent pas les digérer.

Aide : en cas d'asthme, de rhumatismes, de refroidissements accompagnés de fièvre (préventivement aussi).

Constituants : huile essentielle, glucoside, flavonoïdes, mucilage, acides de fruit, de vin, de valériane, protéines, substances amères, sucre dans les baies.

Culture

Le sureau aime les sols riches en substances nutritives, calcaires, pas trop lourds, légèrement frais et il ne supporte pas l'humidité stagnante. Il pousse aussi à l'ombre, mais il est alors un peu chétif. Plantez-le plutôt dans un coin ensoleillé du jardin, le long de la clôture, d'un mur ou bien près du compost pour l'ombrager ; il se plaît tout particulièrement à cet endroit.

On trouve le sureau noir dans de nombreuses pépinières, qui offrent même des variétés à grandes baies. Il y a des variétés décoratives dont on ne peut rien tirer ! Vous trouverez peut-être quelque part un rejet de sureau sauvage en surnombre, qui poussera rapidement, ou bien un jeune arbuste. Arrosez-le abondamment avant de le déterrer et prenez-le avec sa motte, à la fin de l'automne, après la chute des feuilles. Après avoir été planté, le sureau doit être en terre aussi profondément qu'avant (voir p. 33), distance 5 × 4 m. N'oubliez pas d'arroser tout de suite après et aussi après un automne sec, avant les gelées.

Au printemps, on enlève les rejets qui courent sur le sol. En outre, il est très important de l'arroser la première année, en cas de sécheresse ; il faut parfois désherber. Plus tard, on n'a plus besoin de s'en occuper.

Récolte, préparation, utilisation

Coupez les hampes florales entières, étalez-les sur des claies et faites-les sécher à une température de 35 °C à 40 °C. Puis, enlevez les fleurs et faites-les encore sécher avant de les enfermer dans des récipients hermétiques.

Pour récolter les baies, il faut qu'elles

Les fleurs de sureau annoncent le début de l'été. J'aime leur parfum, leur prodigalité.

soient bien mûres et bien noires ; à peine mûres, elles sont légèrement toxiques. On coupe les branches chargées de fruits, on les égrappe et on les met dans le presse-jus à vapeur. Surtout ne pas laisser de feuilles, qui sont toxiques, au milieu des baies et ne jamais faire de jus avec les baies crues ! Le jus de sureau cru peut provoquer des malaises et de la diarrhée. Le jus est versé encore bouillant dans des bouteilles de verre teinté fermant hermétiquement et on le conserve au frais, à la cave.

Tisane : verser 1/2 l d'eau bouillante sur 4 cuillers à café bombées de fleurs, laisser infuser 10 mn et filtrer. On le boit pur ou bien sucré au miel, aussi chaud que possible et par petites gorgées, cela stimule la transpiration dans des cas de refroidissements accompagnés de fièvre. Les malades de cœur et de la circulation doivent d'abord demander l'avis de leur médecin, car cela fatigue beaucoup de transpirer.

Si on la fait 2 fois moins forte et qu'on la boit tiède, 3 fois par jour, la même tisane augmente les défenses de l'organisme, prévient refroidissements et grippes, soulage, dans de nombreux cas, l'asthme et les rhumatismes.

Si on la fait très forte et qu'on l'emploie pour des compresses, elle soulage bien en cas de bosses et d'abcès.

Jus, mousses : on mélange le jus qui sort du presse-jus à vapeur (voir ci-dessus), d'une couleur rouge foncée, très appétissante et de la purée de baies ; pour améliorer le goût, on ajoute quelques petits morceaux de pommes ou de poires. Ce mélange a une action légèrement dépurative, et renforce les défenses de l'organisme ; en principe, il soulage aussi les rhumatismes.

Mettez dans le presse-jus à vapeur 5 kg de baies avec 600 g de sucre, les morceaux de pommes et de poires, remplissez des bouteilles de ce mélange encore bouillant, fermez hermétiquement, conservez au frais et à l'ombre.

Beignets de fleurs de sureau (spécialité du sud de l'Allemagne) : ingrédients : 12 petites ombelles, 200 g de farine, 2 cuillers à soupe d'huile, 2 œufs, 1/2 l de bière, 1 sachet de sucre vanillé, 1 pincée de sel. Laver soigneusement les ombelles et les laisser égoutter. Bien mélanger les autres ingrédients en mettant à part le blanc d'œuf. Faire monter les blancs en neige. Saisir les ombelles par la tige, les plonger dans la pâte à bière, les laisser frire pendant environ 2 minutes dans la graisse bouillante jusqu'à ce qu'elles soient bien croustillantes. Les saupoudrer de sucre en poudre, si l'on veut.

Sirop de fleurs de sureau : 200 g d'ombelles de fleurs de sureau, 5 l d'eau, 500 g de sucre, 1/8 l de vinaigre de vin, 2 ou 3 citrons non traités. Couper les fleurs de sureau, les laver, mettre dans un grand récipient avec les tranches de citron, le vinaigre et le sucre. Remplir d'eau, remuer jusqu'à ce que le sucre ait fondu. Tenir 8 jours au chaud, en remuant une fois par jour. Puis filtrer et verser dans des bouteilles à parois épaisses (ex. : bouteilles de champagne). Fermer hermétiquement. Laisser reposer au moins 15 jours avant de le consommer, mais il peut aussi se conserver pendant des mois. C'est rafraîchissant et d'un goût très délicat ; on peut en verser un peu dans un cocktail, avec des tranches d'ananas et des glaçons.

Cocktail de sureau : mixer vigoureusement 500 g de jus de baies de sureau avec

Le cassis, en tant que fruit frais n'est pas assez connu.

Pourtant, toutes les manières de le préparer sont délicieuses.

2 cuillers à soupe de miel et 1/4 l de lait et servir tout de suite.

Soupe de sureau : faire cuire 500 g de baies de sureau avec un peu d'eau, filtrer, lier avec un peu de fécule délayée, assaisonner à votre goût avec du lait, du sucre, un zeste de citron, un peu de cannelle et de clou de girofle. C'est délicieux, accompagné de biscottes ou de corn-flakes.

Vin chaud : mélanger à parts égales du jus de sureau, du jus de prunelle et du vin rouge avec de la cannelle, des clous de girofle et un peu de sucre, faire chauffer : cela donne un vin chaud délicieux qui peut aussi stopper un début de refroidissement ou de grippe.

Lotion : verser 1/2 l d'eau bouillante sur 50 g de fleurs de sureau, laisser infuser 10 mn, filtrer, laisser refroidir. Sert au nettoyage des peaux délicates.

Cassis

Ribes nigrum

Famille : Saxifragées

Groseillier noir

♦ ☼-◑ (±) ⊙ IV-V

On trouve le cassis en Europe centrale et en Europe de l'est, au centre de la Sibérie, dans le Caucase, en Mandchourie, dans l'Himalaya et au Turkestan. Cet arbuste vigoureux dégage une odeur spécifique et atteint une hauteur de 1,50 m. Il pousse dans de nombreux jardins, mais aussi dans des cultures maraîchères, car les baies sont particulièrement saines et on peut les préparer de différentes manières.

Aide : en cas de rhumatismes, d'arthrite, de refroidissements, d'inflammations de la bouche et du pharynx, d'enrouement, de diarrhée.

Constituants : huile essentielle, tanins, vitamine C et rutine dans les feuilles, provitamine A (carotine), vitamine C (environ 190 mg/100 g), vitamines du groupe B, acides organiques, pectine, minéraux (surtout du potassium) dans les baies.

Culture

Les cassis poussent, de préférence, dans des sols humosiques, en plein soleil, bien qu'ils supportent aussi d'être à moitié ombragés. En plus d'un sol frais sans humidité stagnante, il est important de leur donner un emplacement protégé, parce que les gelées tardives risquent d'endommager les fleurs et donc la production des baies.

Vous pouvez vous procurer des cassis dans les pépinières qui ont des arbres fruitiers. Variétés :

'Rosenthal' : très sensible à la gelée au moment de la floraison ; a un bon rendement avec ses grandes baies, une teneur élevée en vitamine C et en acides.

'Wellington XXX' : a les mêmes qualités que 'Rosenthal' et une teneur moyenne en acide.

‘Silvergieters’ : a un très bon rendement avec un goût assez doux, teneur en vitamine C et en acides relativement réduite. Pour cette raison, et parce que tous les fruits ne mûrissent pas en même temps, elle convient bien à la consommation immédiate.

Les cassis sont fécondés en partie par les abeilles et en partie par leur propre pollen qui tombe sur le stigmate (auto-fécondation). Comme toutes les variétés ne s’autofécondent pas, plantez-en, si possible, toujours 2 de la même variété. Pour une famille de 4 personnes qui voudrait aussi de la tisane de feuilles, 6 arbustes suffisent. Avant la plantation, toutes les pousses sont rabattues à 1/3 de leur longueur.

Mettez ces arbustes en terre en octobre, au moins à 10 cm de profondeur en plus qu’à la pépinière. Ce n’est que dans ces conditions que pousseront assez de rejetons, sur lesquels se formeront fleurs et fruits. Distance entre les arbustes 2 m ; entre les rangées 2,5 m à 3 m.

Chez les cassis, les branches porteuses sont surtout celles qui ont 1 an : c’est pourquoi on rabat, au moment de la récolte, les branches chargées de fruits, jusqu’aux pousses de côté, ou bien carrément jusqu’au sol. Pour qu’ils rajeunissent, vous devez avoir chaque année 5 à 8 pousses vigoureuses venant du sol.

Donner chaque printemps du compost ou du fumier bien décomposé si possible. En outre, tous les arbustes auront, à la floraison et début juin, 30 g/m² d’engrais ou 40 à 50 g d’un engrais organique minéral.

Comme les racines sont assez plates, il ne faut jamais labourer le sol autour des cassis. Ameublissez superficiellement, c’est tout. C’est bien de mettre un mulch qui garde la terre humide et meuble, et empêche la croissance des mauvaises herbes.

Il arrive qu’on ait des problèmes avec la cécidie du groseillier. Les bourgeons malades enflent : coupez-les ou plutôt cueillez-les à la fin de l’hiver et brûlez-les.

Récolte, préparation, utilisation

Couper au printemps les feuilles saines et sans taches, afin que les fruits puissent mûrir et que les plantes ne souffrent pas. Enlever les tiges et faire sécher à l’air ou au four. La température ne doit pas dépasser 35 °C à 40° C. On récolte les fruits très noirs et mûrs en juillet.

Tisane : verser 1/4 l d’eau froide sur 1 à 2 cuillers à café bombées de feuilles, amener lentement à ébullition et filtrer aussitôt. 2 ou 3 tasses bues quotidiennement ont un effet diurétique, soulagent les douleurs rhumatismales et combattent les diarrhées.

Jus : presser à froid et stériliser ou bien préparer au presse-jus à vapeur, en ajoutant un ferment (en pharmacie) pour empêcher que le jus ‘‘prenne’’, et qu’il ‘‘coule’’ bien, au contraire. Le verser bouillant dans des bouteilles de verre teinté, qui ferment hermétiquement.

On donne le jus non sucré, dilué avec un peu d’eau, 3 cuillers par jour (des cuillers à café pour les enfants) pour prévenir les refroidissements, comme fortifiant, pour guérir les diarrhées aigües et chroniques.

En cas d’enrouement, on se rince la bouche et on se gargarise avec un mélange de jus et d’eau chaude, à proportion 1/1.

Boisson chaude : mélanger dans une casserole 0,7 l (1 bouteille) de jus de cassis, 1/2 bouteille de jus de pommes, 100 g de sucre ou un peu de miel, couvrir et faire chauffer sans amener à ébullition.

On a autrefois attribué des forces magiques au millepertuis, comme à de nombreuses autres plantes.

Gelée : faire chauffer 1 bon kilo de cassis avec un peu d'eau, assez doucement afin que le jus coule et ne s'épaississe pas. Passer au tamis et faire cuire ce qui a été passé avec 1 kg de sucre jusqu'à la consistance de gelée.
Confiture : 1 kg de baies avec 500 g de sucre et laisser reposer quelques temps. Amener lentement à ébullition et laisser très peu bouillir, tout en remuant. Verser tout de suite dans des pots en verre teinté, encore chauds, juste après les avoir rincés à l'eau bouillante, et fermer hermétiquement.
Yaourt (quantité pour 1 personne) : 1 pot de yaourt, 1 verre de jus de cassis, 1 cuiller à soupe de miel ou de sucre. Bien mélanger le tout !
Liqueur : 1 kg de baies de cassis, 1 l d'alcool (en pharmacie), 500 g de sucre, 1/2 l d'eau. Ecraser les baies de cassis, mettre avec l'alcool dans une dame-jeanne, fermer avec un bouchon et laisser reposer pendant 6 semaines au soleil. Puis filtrer, faire bouillir le sucre avec l'eau, l'ajouter à l'alcool de cassis après refroidissement et filtrer le tout. Mettre en bouteilles et laisser reposer plusieurs semaines avant de consommer.

Millepertuis

Hypericum perforatum

Famille : Hypericacées
Herbe aux mille trous, herbe percée, herbe aux piqûres, chasse-diable, herbe de la Saint-Jean

♃ ☼ ± V-VIII

Le millepertuis pousse librement dans les friches, à la lisière des forêts et des champs, et sur les pentes sèches jusqu'à 1 700 m d'altitude. On le trouve aussi bien en Asie occidentale et en Afrique du nord que chez nous.

On a cru longtemps aux forces magiques des plantes cueillies dans la nuit de la Saint-Jean. Elles étaient censées protéger contre les maladies, la foudre, les mauvais esprits et les mauvaises influences, mais aussi pouvoir servir de philtre d'amour. Cela transparaît dans certains noms allemands du millepertuis *.
Aide : en cas de nervosité, de certaines formes de dépression , de faiblesse de la circulation, de troubles biliaires, d'entorses, de foulures, d'hémorragies.
Constituants : hypéricine, huile essentielle, résines, tanins, rutine.

Culture

Le millepertuis pousse dans des sols peu lourds, en plein soleil. Trop de calcaire conduit à une ''jaunisse'' des feuilles. Il faut alors donner des oligo-éléments ! (p. 20).

Vous vous procurerez les graines, minuscules, dans le commerce (p. 121). Semez en juillet dans des caisses avec de la terre à semis (p. 27). Les graines germent au bout de 2 semaines ; 10 à 15 jours plus tard, vous pouvez les repiquer. 2 semaines plus tard, il faut les éclaircir et les replanter dans un bac plus profond avec un terreau un peu fumé ou bien dans une plate-bande bien préparée à une distance de 8 à 10 cm de tous les côté.

Début septembre, les replants sont normalement assez développés pour pouvoir être plantés à leur place définitive, à une distance de 25 × 25 cm. Sous un film protecteur ou des brindilles de sapin, ils résistent sans problème même à des hivers durs et sans neige. A partir du 2e hiver, ils n'ont plus besoin de protection.

**NdT Exemples de dénominations allemandes : herbe du sang, herbe des sorcières, fuite du diable, sang des elfes, herbe des blessures de Jésus, herbe de Walpurgis.*

Au printemps, on donne aux plantes du compost ou un peu d'engrais organique (voir p. 21), après avoir ameubli avec précaution entre les rangées puis râtissé. Elles se contentent de peu.

Récolte, préparation, utilisation

Dès que les plantes sont en fleur, dans le courant du mois de juin, on coupe les tiges à 25 cm au-dessous de la pointe, on en fait des bouquets et on les suspend dans un endroit ombragé et aéré pour qu'elles sèchent. Ne récoltez, de préférence, la première année, qu'une partie des plantes, laissez les autres se développer complètement.

Tisane : verser 1/4 l d'eau froide sur 2 cuillers à café bombées de millepertuis, amener à ébullition, laisser infuser 5 mn, filtrer. Une cure de plusieurs semaines de tisane, au rythme de 2 ou 3 tasses prises quotidiennement, a un effet calmant, stimulant pour la circulation et les glandes digestives ; cela améliore aussi l'humeur en cas de dépression et de dystonie végétative.

Huile de millepertuis : on écrase et pulvérise 50 g d'herbe fraîche avec des fleurs bien ouvertes.

A l'inverse de la fausse camomille, sans aucune vertu curative, la camomille vraie a des réceptacles creux, et elle sent bon.

On mélange avec 1/2 l d'huile d'olive, on remue bien, on verse dans une grande bouteille claire à large col que l'on place, sans la fermer, à un endroit chaud. Il apparaît bientôt une fermentation qui disparaît au bout de 3 à 5 jours. On ferme alors la bouteille hermétiquement et on la laisse à la lumière et, si possible, au soleil jusqu'à ce que l'huile prenne une couleur rouge. Cela dure environ 6 semaines. Ensuite, on verse l'huile en la séparant soigneusement de la couche d'eau et on la conserve dans des bouteilles de verre teinté fermant hermétiquement. L'huile de millepertuis est bonne pour faire des frictions en cas de rhumatismes et de névralgies, elle guérit et apaise les douleurs en cas d'entorse, de foulure et d'hémorragie ; dans ces cas-là, on pose une compresse de mousseline imbibée d'huile sur l'endroit malade. Si l'on prend 1 cuiller à café 2 fois par jour, cela a une action salutaire dans de nombreux troubles gastriques, biliaires et hépatiques, mais aussi dans des états de dépression.

Du fait que le millepertuis rend hypersensible à la lumière, il vaut mieux ne pas s'exposer directement aux rayons du soleil pendant la durée de la cure.

Camomille (vraie)

Chamomilla recutita
(syn. Matricaria chamomilla)
Famille : Composées
Petite camomille

 V-VIII

La camomille au doux parfum, pousse librement en Europe, à l'ouest de la Sibérie, en Asie mineure, en Afghanistan, dans le Caucase, en Iran et au Maroc ; elle s'est installée aussi au nord-est de l'Amérique du nord. Chez nous, ses apparitions naturelles sont de plus en plus rares. L'industrie pharmaceutique a ses cultures de camomille.

Elle est originaire du sud-est de l'Europe et de l'Asie du nord et ses vertus curatives étaient déjà connues dans l'Antiquité. Au Moyen-Age, on l'utilisait surtout pour les maladies de femmes, comme en témoignent les noms allemands *.

Aide : en cas d'embarras gastriques, de troubles gastriques nerveux, de gastrite. En inhalation pour les refroidissements ; en compresses, bains ou lavements pour les blessures et les inflammations guérissant mal.

Constituants : huile essentielle (Cham-Azulène, L-Bisabol), glucoside flavonique, coumarine, acides gras, potassium.

Culture

La camomille pousse dans des sols sableux légers ou argileux lourds, à un emplacement ensoleillé, protégé du vent, moyennement humide. Il n'est pas bon d'avoir un sol trop humosique, car alors, il y a trop de feuilles et trop peu de fleurs qui se forment. On peut planter la camomille plusieurs années de suite au même endroit. Elle stimule, apparemment, la croissance des plantes qui poussent dans son voisinage, et fait bel effet en bordure de plate-bande.

On trouve des graines dans tous les magasins spécialisés. Elles ne doivent pas avoir plus d'un an.

Comme la camomille, une fois plantée, fleurit richement, semez en mars ou en août dans des jardinières préparées avec de la terre de jardin ou de semis.

**NdT Noms allemands de la camomille : herbe des mères, herbe de Marie-Madeleine, herbe des filles.*

Les semences, aussi fines que des grains de poussière, ne sont pas recouvertes, mais seulement pressées. Il faut arroser par le bas (voir p. 28) ou bien avec un pulvérisateur fin. Sinon, les graines disparaissent dans le sol, elles sont "noyées".

S'il y a une humidité constante, les premiers replants apparaissent déjà 8 jours plus tard. Ils n'ont besoin que de pleine lumière et de soleil. On plante en pleine terre les replants du semis de mars environ fin avril et ceux du semis d'août en septembre, distance 25 × 20 cm. Pour les bordures, 20 × 20 cm suffisent. Et il faut commencer par enlever toutes les mauvaises herbes.

La camomille est entièrement hiémale et n'a besoin d'aucune protection en hiver. Les soins à lui donner en été se réduisent à l'arroser de temps en temps et à maintenir le sol meuble. Pas de fumure !

La camomille se ressème facilement et pousse alors toute seule l'année suivante. Là où elle est indésirable, elle se laisse enlever sans difficultés.

La camomille pousse et fleurit aussi dans de grandes jardinières et de grands bacs à fleurs remplis de terre de jardin.

Récolte, préparation, utilisation

C'est du 3e au 5e jour après sa floraison que la teneur en principes actifs est la plus élevée. Pour ne pas manquer ce moment, il faut parcourir chaque jour sa plantation. Si on n'a pas de temps pour cela, il faut attendre que le carré de camomille ait une couleur blanche égale, pas verdâtre, ni jaunâtre.

Si on veut utiliser la camomille comme produit pour le bain, on peut cueillir aussi

Les capucines aiment chaleur et soleil. Etant extrêmement sensibles aux gelées, on ne les met en plein air qu'à la mi-mai.

les tiges avec les fleurs ainsi que les feuilles.

Sèchez-les de 25 °C à 35 °C aussi vite que possible et, avant de les mettre en bocaux, vérifiez que les réceptables soient bien secs aussi à l'intérieur !

Tisane : verser une tasse d'eau bouillante sur 1 ou 2 cuillers à café de fleurs de camomille, filtrer après 10 mn. Bue chaude, mais jamais brûlante, cette tisane aide en cas de troubles gastriques. Si on souffre de gastrite, on en fait une cure roulante : avant de se lever, on en boit une tasse, on se met 5 mn sur le dos,puis 5 mn sur le ventre, 5 mn sur le côté gauche et 5 mn sur le côté droit. La tisane atteint ainsi toutes les parties irritées ou enflammées de l'estomac. Je me souviens très bien de ces cures roulantes de mes deux sœurs, qui étaient toujours efficaces.

1 tasse de tisane prise le matin à jeun doit d'ailleurs aussi faire disparaître peu à peu les petits boutons.

En usage externe, on utilise l'infusion pour des compresses, des bains ou des lavements pour guérir des plaies qui se ferment mal, mais c'est aussi efficace pour un début de conjonctivite.

Inhalation à la camomille : verser 1 l d'eau bouillante sur une poignée de fleurs de camomille et inspirez la vapeur (tête et récipient sous une grande serviette éponge) pendant 5 à 10 mn. C'est un remède excellent et efficace contre les rhumes, les rhinopharyngites. Il faut ensuite rester au chaud et garder la chambre.

Bain à la camomille : verser 1 l d'eau bouillante sur 250 g de fleurs de camomille avec les tiges et les feuilles, filtrer après 10 mn et mettre dans l'eau du bain. Cela aide contre les impuretés de la peau et les démangeaisons, empêche les inflammations, soulage les douleurs et stimule les processus de guérison.

Produit de rinçage pour les cheveux : autrefois, on utilisait la tisane de camomille pour rincer les cheveux après le shampooing, afin de maintenir la blondeur des cheveux blonds. Ce n'était pas toujours efficace, mais c'était sûrement sain pour la peau du crâne et les cheveux. Pour cela, on fait bouillir 50 g de fleurs séchées dans 1/2 l d'eau pendant 10 mn, et puis l'on filtre. Seules les personnes qui sont allergiques à la camomille doivent renoncer à cette aide précieuse.

Médecine vétérinaire : les chats, les chiens, les cochons d'Inde, les lapins et les poules naines reçoivent, quand ils ont une légère diarrhée, de la tisane de camomille tiède en guise de boisson, à la place de l'eau.

Cette tisane est efficace aussi chez les animaux dans les cas de conjonctivite. On imbibe chaque fois un morceau de gaze avec une tisane de camomille normale, on l'applique en la pressant légèrement sur l'œil en la maintenant pendant 2 à 3 mn, et cela 3 fois par jour.

Capucine

Tropaeolum majus

Famille : Tropaeolacées
Capucine grande, cresson d'Inde

(♃) ❶ ☼ ± VI-X

La capucine est originaire du Pérou. Elle est venue en Europe seulement au XVIIe siècle, où on ne l'a cultivée pendant longtemps que comme plante décorative.

Ses vertus ainsi que les possibilités qu'on

a de l'employer en cuisine sont encore trop peu connues. La capucine odorante est, au Pérou, une plante vivace, mais chez nous, pour des raisons climatiques, on ne peut la cultiver que comme plante annuelle.

Aide : en cas de manque de vitamine C et de fatigue de printemps, d'absence de forces de défense, d'inflammations des voies urinaires et des bronches, de petites blessures fraîches.

Constituants : vitamine C, substances antibiotiques.

Culture

Les capucines poussent dans toutes les bonnes terres de jardin,mais elles ont besoin de beaucoup de soleil et de protection contre le vent ; en outre, elles sont très sensibles aux gelées. Elles meurent déjà lorsque la température descend autour de 0 °C. Les variétés grimpantes qui poussent peu à l'état sauvage, conviennent très bien le long des clôtures, au rebord des balcons et sur les pergolas où on peut les fixer. Les variétés non grimpantes, mais basses s'intègrent bien dans des plates-bandes colorées ; on peut les mettre en bordure, ou bien aussi dans des jardinières.

Vous vous procurerez les semences dans le commerce spécialisé. Variétés :
'Spit Fire', orange écarlate
'Hybride de Lobb', un beau mélange de couleurs : ce sont deux variétés grimpantes,
'Roi d'Or', jaune d'or
'Tom Pouce', couleurs mélangées ; ces deux dernières variétés n'ont que 25 cm de hauteur et ne sont pas grimpantes.

Comme ces plantes sont très sensibles au froid, je les cultive depuis des années en pots sur le rebord de la fenêtre, ou bien dans une mini-serre, à 18 °C ou 20 °C. Si l'on met les grosses graines ridées en pots, par 3 à 2 cm de profondeur environ, dans un pot de 9 cm de diamètre du début à la mi-avril, on aura bientôt des touffes vigoureuses. Il faut très peu d'engrais dans la terre de semis. Vous pouvez mettre aussi un mélange de compost, de terre de jardin avec un peu de sable grossier.

Après les Saints de Glace, fin mai, vous les replantez dans le jardin ou dans des jardinières de balcon ou de terrasse, sans abîmer leur motte de racines qui aura été auparavant bien humidifiée. Distance, selon la variété, 20 à 25 cm de tous les côtés.

En pleine terre, on ne sème pas avant la mi-mai, là aussi toujours 2 graines par trou, à 2 cm de profondeur, distance de 20 à 25 cm de tous les côtés. Si le sol est encore très frais, les graines ont froid trop longtemps et finissent, la plupart du temps, par pourrir. Les plantes bien enracinées n'ont besoin d'être arrosées que dans les périodes de sécheresse, lorsqu'elles sont au jardin. Dans les jardinières, elles se dessèchent plus facilement et il faut leur donner de l'eau plus souvent. Pour ces dernières, utilisez un engrais pour fleurs pauvre en azote, souvent désigné sous le terme d'"engrais floral". Sinon les plantes développent un feuillage luxuriant et peu de fleurs.

Dehors, les capucines n'ont, la plupart du temps, pas besoin d'engrais. Mais si les plantes donnent des signes d'affaiblissement et ne fleurissent pas correctement, aidez-les aussi avec du liquide anticarence 1 fois par semaine.

Récolte, préparation, utilisation

On cueille toujours les jeunes feuilles et les fleurs juste avant de les utiliser. Une fois séchées, elles n'ont plus de valeur.

Jus frais : vous pouvez faire du jus frais de capucine à partir des feuilles et des tiges, à l'aide d'un presse-jus adéquat (quincaillerie, maison de régime). Si l'on prend 1 à 2 cuillers à soupe de ce jus 1 fois par jour, cela aide en cas d'inflammations des voies urinaires et des bronches. Afin que cela ne provoque pas d'irritations de l'estomac, des reins et de l'intestin, il ne faut surtout pas dépasser la dose !

Feuilles fraîches : elles servent de compresses rafraîchissantes, légèrement désinfectantes, pour des petites plaies.

En cas de manque de vitamine C, d'épuisement et de manque de défenses du corps, on mélange de jeunes feuilles à la salade verte, qu'elles parfument en même temps délicatement.

Epice : avec d'autres herbes, les jeunes feuilles et les fleurs aromatisent les salades, relèvent le goût des œufs à la coque et des crudités. Les fleurs décorent très joliment les plats décorés et sont aussi comestibles que les radis de consommation courante.

Fausses câpres : prendre les fruits encore verts, et pas durs, les laisser reposer une nuit dans du sel, puis les arroser avec du vinaigre de vin, ou encore mieux, avec du vinaigre d'estragon (fait maison). Les conserver jusqu'au moment de la consommation dans des bouteilles de verre teinté, fermées hermétiquement.

Au jardin, on peut mettre des capucines sous les rosiers et les arbres fruitiers ; c'est une aide contre les invasions de pucerons ordinaires et de pucerons lanigères.

Ail

Allium sativum

Famille : Liliacées

♃ ☼ VI-VIII

L'ail est originaire des steppes d'Asie centrale et est une des plus anciennes plantes médicinales et condimentaires. Il y a 7 000 ans déjà, il était apprécié dans l'ancienne Inde, en Chine et au Japon. Lors de la construction de la pyramide de Chéops, les travailleurs recevaient chaque jour de l'ail, parmi d'autres aliments. Les Grecs et les Romains connaissaient les vertus de cette plante et l'utilisaient. Par ail-

L'ail n'est pas du goût de tout le monde, mais il a très grande valeur pour la santé.

Nos arrières-grands-mères mettaient déjà de la lavande dans les armoires à linge. C'est efficace contre les mites !

leurs, ils n'avaient pas le droit de pénétrer dans un temple après avoir mangé de l'ail, car on pensait que les dieux n'en aimaient pas l'odeur.

L'ail est connu et cultivé en Europe aussi depuis déjà longtemps.

Aide : en cas de flatulences avec phénomènes de fermentation, de tension artérielle élevée, de troubles biliaires, de constriction vasculaire, en particulier aux jambes, au fond de l'orbite oculaire et au cerveau, de mauvaise circulation du sang, de bronchite, de différents problèmes cutanés comme furoncles et eczéma.

Constituants : huile essentielle contenant du soufre avec de l'allicine qui a une forte action antibiotique, vitamines A, B2, C, nicotinamide, hormones, ferments, sels minéraux, iode.

Culture

L'ail a besoin d'un sol léger, profond, riche en humus. C'est en plein soleil qu'il se développe le mieux et qu'il forme la plupart de ses principes actifs. Les têtes d'ail se composent de nombreuses parties, toutes enveloppées dans une peau commune. On appelle ces parties des gousses. C'est par ces gousses, et non par ses graines que l'ail se multiplie.

Mettez les gousses (que vous vous procurerez dans des centres de jardinage ou dans le commerce spécialisé) en terre, en avril, à 4 cm de profondeur, distance 20 × 15 cm. Dans les régions et les situations climatiques douces, c'est possible aussi en octobre. Mais alors, les planches devront être protégées, au début des gelées, avec une couches de brindilles de sapin.

Comme d'habitude, il faut ameublir et désherber la terre, et aussi arroser en cas de sécheresse persistante. On brise les hampes florales lorsqu'elles en sont encore au stade des bourgeons, afin qu'elles ne prennent pas trop de forces et que le jardin "ne sente pas".

Récolte, préparation, utilisation

Lorsque, en juillet-août, les feuilles jaunissent et se dessèchent, on sort les têtes du sol, par un beau jour ensoleillé, on les laisse 1 ou 2 jours dans la planche et puis on les suspend, soit en bouquets avec le feuillage, soit tressées, pour les faire sécher. De l'ail planté en octobre peut déjà être récolté au début de l'été.

Si l'on prend 1 à 3 gousses quotidiennement, au moins plusieurs semaines de suite, cela soulage les divers maux déjà évoqués. Des tablettes de chlorophylle, du lait ou du persil frais chassent rapidement l'odeur. Mais il faut vraiment prendre l'antidote après chaque prise d'ail.

Les gousses d'ail, appliquées sur les verrues peuvent aider à les faire disparaître. Cela vaut au moins la peine d'essayer.

Epice : il suffit de frotter le saladier avec une gousse pour relever légèrement le goût des salades. On frotte ainsi la viande crue pour pimenter le rôti. On aime bien, aussi de nos jours, les plats avec beaucoup d'ail.

Les jeunes gens ont appris à le reconnaître, la plupart du temps, en voyageant dans les pays méditerranéens. Il existe des livres de cuisine consacrés spécialement à des plats aillés !

Au jardin : l'ail, placé au milieu des fraises ou des roses protège leur santé et réhausse le parfum des roses. Ce genre de "culture associée" est une tradition dans les roseraies bulgares.

Lavande

Lavandula angustifolia ssp. angustifolia (syn. L. officinalis)
Famille : Labiées

◊ ☼ ± VI-VIII

On trouve le petit buisson aux fleurs bleu-violettes dans toute la partie occidentale du bassin méditerranéen et il a acquis droit de cité dans le Tessin. La lavande pousse sur des pentes arides et ensoleillées, jusqu'à 1 000 m d'altitude. En Provence, en Espagne et en Angleterre, on la cultive pour en tirer l'essence de lavande. On l'apprécie aussi beaucoup comme herbe aromatique et comme produit pour le bain rafraîchissant et, en même temps, sédatif. Depuis des siècles, on emploie la lavande dans les armoires pour en tenir les mites éloignées.
Aide : en cas d'états de tension et de nervosité, de troubles gastriques et intestinaux d'origine nerveuse, de dystonie végétative.
Constituants : huile essentielle (essence de lavande), tanins.

Culture

La lavande aime la terre calcaire, légère et perméable, dans des endroits ensoleillés, chauds et protégés. Une fois qu'elle est plantée, elle n'a plus besoin de beaucoup d'eau.

Vous vous procurerez les graines dans le commerce spécialisé ou auprès de l'une des firmes citées p. 121. Semez fin mars dans des godets remplis de terreau auquel vous aurez ajouté un peu de sable. La germination est irrégulière et dure au moins 3 semaines. Dès que possible, repiquez les petites pousses séparément dans des petits pots, et, à partir de début mai, mettez-les dans une couche pour les endurcir.

Il est plus simple d'acheter les premiers plants. Après 1 ou 2 ans (même plus tôt si vous avez des plantes vigoureuses), vous pouvez faire des boutures en juin ; au bout de 6 semaines, elles auront pris racine (voir p. 32). Au bout de 3 ou 4 ans, il est possible de les diviser.

Fin mai environ, on met les replants en pleine terre, exactement comme ceux qu'on aurait achetés, à une distance de 30 × 30 cm. Ils sont tout à fait à leur place dans les rocailles et au milieu des plantes condimentaires, en bordure d'une platebande de rosiers ou bien pour séparer des massifs et d'autres parties du jardin. On divise les pieds de lavande devenus vieux avant la remontée de la sève et on les replante à un autre endroit.

La lavande pousse aussi dans des jardinières profondes (30 cm), placées à des endroits ensoleillés (balcons, terrasses). Arrosez-la, mais pas trop souvent et ajoutez à l'eau un engrais liquide dès la 4e semaine suivant la plantation. La lavande a besoin d'un engrais liquide organique, à raison de 2 g/l, 1 à 2 fois par mois. La lavande enracinée au jardin n'a normalement pas besoin d'être arrosée. La première année, il faut la débarrasser des mauvaises herbes.

Tout de suite après la floraison, au courant du mois d'août, on rabat les grands épis de lavande juste de moitié, et sur les pieds qui servent de haie, on ne laisse que les deux premières feuilles. C'est ainsi que vous obtiendrez des pieds bien touffus et, si vous avez dépassé ce moment, attendez jusqu'au printemps pour le faire, pour ne pas risquer des dégâts dus au gel.

Sous un climat rude et (ou) dans un endroit trop exposé, on butte la terre autour des pieds à la fin de l'automne, on ajoute encore un peu de compost et on protège les plantes elles-mêmes avec une fine couche de brindilles de sapins. Vous pouvez laisser votre lavande en jardinière pour l'hiver sur votre balcon ou votre terrasse, si vous l''enfouissez jusqu'au bord dans une grande caisse pleine de terre et de feuillage afin qu'elle soit ''bien nourrie''. S'il arrivait que le gel fasse des dégâts, coupez toutes les parties mortes après la montée de la sève, afin de bien pouvoir détecter les dégâts.

Récolte, préparation, utilisation

On coupe les inflorescences lorsque la partie médiane de l'épi s'est ouverte, on les suspend pour les faire sécher et, plus tard, on égrène les fleurs. Il faut encore les laisser sécher un peu et puis on les met dans des pots qui ferment hermétiquement.

Pour le bain, on peut utiliser les tiges entières avec fleurs et feuilles.

Tisane : verser 1/4 l d'eau bouillante sur 2 cuillers à café bombées de fleurs de

La livèche pousse de préférence à l'ombre, à l'inverse de la plupart des autres plantes potagères.

lavande, filtrer au bout de 5 à 10 mn. Si on la sucre avec du miel et qu'on la boit lentement, par petites gorgées, cette tisane apaise des nerfs surexcités. Non sucrée, elle aide en cas de troubles gastriques et intestinaux d'ordre nerveux.

Bain : porter 4 cuillers à café de fleurs de lavande à ébullition avec 150 ml d'eau, filtrer au bout de 10 mn. On ajoute ce liquide au bain une fois qu'il est prêt, la température ne doit pas dépasser 37 °C. Mettre les fleurs de lavande dans un petit sac de tissu et l'immerger dans l'eau du bain. Ce bain calme, détend, convient tout particulièrement aux personnes souffrant d'hypotension, et fait une peau douce.

Compresses : verser 1/4 l d'eau bouillante sur 2 cuillers à soupe de lavande, laisser infuser pendant 10 mn, filtrer. Appliquer en compresses chaudes pour les rhumatismes. L'alcool de lavande, que l'on trouve en pharmacie, est efficace aussi pour les rhumatismes. On l'utilise pour des massages.

Coussins aromatiques : on remplit des sachets de coton ou de lin avec de la lavande séchée et on les met dans l'armoire ; cela éloigne les mites et donne aux vêtements une odeur délicate. Posés sur l'oreiller ou à côté de lui, ils aident à trouver un meilleur sommeil.

Plantée près des rosiers, la lavande tient les pucerons éloignés.

Livèche

Levisticum officinale

Famille : Ombellifères

Ache de montagne, céleri bâtard, angélique

♃ ◑-● ± ❀ VII-VIII

On ne sait pas exactement si la livèche est originaire des montagnes de l'Asie du sud-ouest ou bien du sud de l'Europe. Des moines connaisseurs en herbes l'apportèrent en Europe centrale, il y a très longtemps. Sainte Hildegarde en a consigné par écrit, au XIIe siècle, les vertus curatives.

Et la croyance populaire était que celui qui portait sur soi cette plante aromatique, était protégé des mauvais esprits et aimé de tous.

Aide : en cas d'affections urinaires et rénales, de troubles gastriques dus à une faiblesse de la digestion, de rhumatismes, d'arthrite, de troubles de menstruation, de migraines.

Constituants : huile essentielle avec de la li(n)gustidine, du terpinol, du carvacrol, du terpène, du sesquiterpène, résine, des gommes, du sucre, de l'amidon, des acides.

Culture

Ces plantes ont besoin, pour croître, d'un sol profond, calcaire contenant de l'argile et de l'humus, d'humidité, mais sans eau stagnante. Elles sont bien dans les endroits à demi-ombragés et ne supportent pas l'ombre ; sous le soleil, elles dépérissent.

Vous obtiendrez les graines toutes fines dans les graineteries, mais aussi dans beaucoup d'autres magasins. Comme cela dure longtemps jusqu'à ce que les petites pousses aient bien grandi, il vaut mieux acheter les 3 ou 6 premiers plants de livèche. Cela suffit pour une famille moyenne, même quand on l'emploie à des fins médicales. Au bout de 4 à 5 ans, on peut les diviser et les replanter. On fait cela au printemps dès que la montée de la sève est visible. La distance entre les plants est, dans tous les cas, de 50 cm de tous les côtés. Donnez tous les ans, au printemps, une portion de compost, maintenez le sol meuble et enlevez les mauvaises herbes, et puis arrosez en cas de sécheresse. Si vous taillez les inflorescences, les feuilles et les racines pousseront mieux. si vous ne récoltez que les feuilles, n'en prenez que quelques-unes à chaque plante, et votre livèche pourra rester 10 à 15 ans dans le jardin, à la même place. Sous les climats rudes, on fait une butte autour de la plante en plein hiver.

Récolte, préparation, utilisation

La 1re année, laissez grandir les plantes et ne prenez, au plus, que quelques feuilles, surtout pas celles qui sont le plus à l'intérieur, les ''feuilles du cœur'' ; celles-ci ne doivent jamais être abîmées. La 2e année, vous pouvez prendre plus de feuilles, si vous ne voulez pas employer les racines. La récolte des racines a lieu en septembre-octobre de la 2e année. Extrayez-les avec précaution du sol à la fourche-bêche, secouez-les bien et lavez-les soigneusement. Puis, coupez en deux les racines les plus grosses, attachez-les toutes à une ficelle et faites-les sécher dans un endroit chaud et bien aéré ; si le temps est mauvais, maintenez la température artificiellement à 40 °C.

Tisane : porter à ébullition 2 cuillers à café rases de racines hâchées menues dans 1/4 l d'eau froide et filtrer tout de suite. 2 tasses de tisane bues quotidiennement ont une action diurétique, aident en cas de troubles gastriques dus à une faiblesse de la digestion, et pour de nombreuses affections urinaires et rénales (consulter le médecin !). Les douleurs rhumatismales et arthritiques, les troubles de menstruation et les migraines peuvent aussi être allégés. Contre ces mêmes maux ont peut prendre de la racine pulvérisée (une pointe de couteau) avec un peu d'eau.

Bain : verser 1 l d'eau sur 50 g de feuilles de livèche, laisser infuser 10 mn.

Les fleurs de cochléaria ont une forte odeur de miel.

L'ajouter à l'eau du bain après l'avoir filtrée. Cela agit bien sur les blessures qui guérissent mal et les impuretés de la peau.

Avec les doses indiquées et pour une utilisation temporaire, il n'y a pas de risques d'effets secondaires. Il est vrai que les femmes enceintes ne devraient pas prendre de la livèche, car il n'est pas bon de provoquer chez elles une plus forte irrigation du bassin.

Epice : ce sont les feuilles qui relèvent le mieux les plats ; en hiver, on prend les graines plutôt que les feuilles séchées. Il faut employer la livèche avec parcimonie à cause de son arôme très corsé, mais elle convient très bien pour les potées, les pommes de terre, les soupes, les sauces, les ragoûts, les paupiettes mais aussi pour le chou et les crudités. On peut la faire cuire avec le plat.

Cochléaria

Cochlearia officinalis

Famille : Crucifères

Cranson, cranson officinal, herbe aux cuillères, herbe au scorbut

❷-♃ ± ◑ V-VI

Le cochléaria aux fleurs odorantes, pousse sur les côtes de l'ouest et du nord de l'Europe, dans les endroits rocheux, marécageux ou bien près des sources. A la fin du Moyen-Age, les navigateurs prenaient avec eux du cochléaria salé pour les longs voyages ; c'était un remède efficace contre le scorbut (manque de vitamine C et chute des dents). Après la découverte des vitamines, on a constaté la forte teneur de la plante en vitamine C !

Aide : en cas de manque d'appétit, manque de vitamine C, troubles hépatiques.

Constituants : glycoside d'huile de moutarde, substances amères, tanins, huile essentielle, beaucoup de vitamine C, substances minérales.

Culture

Vu ses origines, le cochléaria a besoin d'un

sol constamment humide et doit être arrosé abondamment, pas seulement en cas de sécheresse. Il ne supporte pas le soleil de midi. Vous trouverez les graines dans de nombreux commerces spécialisés ; il germe au bout de 2 à 3 semaines. L'époque du semis est avril ou bien août-septembre. Vous pouvez faire une culture de replants, c'est-à-dire semer dans une couche ou bien dans une coupe sur le rebord de la fenêtre et repiquer avant de planter mais vous pouvez aussi les planter directement dans le jardin. Les rangées doivent alors être à 30 cm les unes des autres. Plus tard, on les éclaircira de façon à ce que les plants soient à 20 cm de distance dans la rangée.

Après environ 3 semaines plantez la livèche, une fois repiquée, dans une planche, une rocaille ou dans une jardinière de balcon. Je vous en prie, ne la mettez jamais trop près d'autres plantes, car elle peut perturber leur croissance.

La livèche est insensible au froid et aux gelées, apparemment grâce à une qualité particulière du protoplasma (substance interne des cellules végétales). Si vous soignez bien vos plantes et que vous ne les "plumez" pas trop, vous pourrez récolter encore des feuilles en hiver ; elles seront même vertes sous la neige. Les plantes en pots peuvent passer l'hiver dehors.

Récolte, préparation, utilisation

On coupe les feuilles et les plantes fraîches avant la floraison, même en hiver. Celui qui veut jouir du parfum de miel des grappes de fleurs blanches doit le prévoir et garder quelques plantes à part. Les feuilles fraîches mélangées à de la salade verte ou bien seules en salade, ont une action apéritive, stimulante sur le foie, légèrement laxative et aident en cas de rhumatisme et d'arthrite. Elles préviennent les infections et augmentent les défenses de l'organisme. Le jus fraîchement pressé est aussi efficace.

On tempère le goût pénétrant qui gêne beaucoup de gens, en la mélangeant avec une autre salade ou un autre jus.

Raifort

Armoracia rusticana
(syn. Cochlearia armoracia)
Famille : Crucifères
Cran, cranson, raifrot sauvage, moutarde des Allemands, moutarde des capucins, mérédic

♃ ☼-◑ ± VI-VII

Le raifort, qui est en fait une vivace, est cultivé en général, comme une plante annuelle. Il est originaire de la Russie du sud et de l'Ukraine et il s'est acclimaté dans le reste de l'Europe, en Asie occidentale et en Amérique du nord.

Grâce aux descriptions de Sainte Hildegarde, nous savons qu'il est cultivé chez nous depuis au moins le XIIe siècle. Cultivé entre autres en Franconie allemande pour être exploité industriellement et dans de nombreux jardins, il pousse aussi dans d'autres régions, en partie à l'état sauvage, sur des sols humides et pas trop lourds. **Aide :** en cas de toux (il facilite l'extinction de la toux), de rhumatisme et de manque de vitamine C, d'œdème ; combat les affections urinaires et rénales ; stimule l'activité de l'estomac et des intestins ; augmente les défenses de l'organisme.

Il est rare de voir du raifort dans un jardin. Très peu de personnes savent à quoi il ressemble.

Constituants : huile essentielle, glycoside d'huile de moutarde, substances à effet antibiotique, composés potassiques, beaucoup de vitamine C.

Culture

Le raifort aime pousser dans un sol ameubli en profondeur, humosique et humide. Il doit être riche en substances nutritives et plutôt léger. Dans une terre lourde et sèche, les racines principales se lignifient vite, ont un goût trop fort et sont difficiles à récolter.

Il supporte bien un climat rude et une situation à moitié ombragée. On ne le multiplie pas par les graines mais par les racines latérales. Elles ont des boutons à leur extrémité supérieure, d'où peuvent se développer de nouvelles pousses. Elles doivent avoir au moins l'épaisseur d'un crayon et 30 cm de longueur. Elles ne grandissent plus après avoir été remises en terre.

On les plante en avril, dès que le sol n'est plus trop mouillé. On place les racines latérales en biais dans le sillon tracé à l'avance, de façon à ce que l'extrémité supérieure se trouve dans la terre à 5 cm et l'autre extrémité, reconnaissable facilement à l'entaille en biais, à 10 cm de profondeur ; distance 60 x 40 cm. Puis on tasse légèrement le bout des racines, on recouvre ces racines latérales entièrement de terre et on les butte un peu. Environ 3 semaines plus tard apparaissent les premières feuilles. Bientôt, la plupart du temps début juin, il faut enlever à chaque plante toutes ses pousses, sauf la plus forte.

Fin juin, on dégage les racines latérales, on les frotte et on en profite pour enlever les nouvelles racines latérales et les petites pousses. Elles deviennent elles-mêmes les racines principales. Pour terminer, on recouvre le tout soigneusement de terre et on arrose abondamment. Fin juillet, on recommence toute l'opération.

Par la suite, il suffit de maintenir le sol humide et meuble. Le raifort supporte mal que le sol se dessèche ou forme des croûtes.

Récolte, préparation, utilisation

On déterre les racines principales, qui ont la forme de grosses raves, au plus tôt une fois que les feuilles sont fanées, fin octobre-début novembre ; ce sont les racines latérales d'autrefois. On enlève les restes de feuilles et on les nettoie. On peut les récolter aussi plus tard, évidemment pas quand le sol est gelé ou après mars. Toutes les racines latérales grosses de 1 à 2 cm, ayant environ 30 cm de long, sont séparées, entaillées en biais à l'extrémité inférieure et mises de côté pour être plantées l'année suivante. Pour cela il suffit d'avoir une caisse remplie de sable humide que l'on place dans la couche ou au frais, à la cave.

On frotte les racines principales avec un tissu grossier et on les conserve ainsi, mais évidemment elles sont séparées des racines latérales.

Si vous avez de la place, vous pouvez déjà râper finement le raifort et en faire des portions que vous mettez dans des sacs de congélation au congélateur. Enveloppez dans une feuille de papier alu les racines que vous avez déjà entamées, afin qu'elles ne dessèchent pas et mettez-les au frais dans le garde-manger ou bien dans le bac à légumes du réfrigérateur.

Raifort râpé : un mélange de raifort finement râpé avec la même quantité de miel aide contre la toux, si vous en prenez une cuiller à café rase 2 à 3 fois par jour. La même préparation est recommandée en cas d'affections urinaires et rénales. Ceux qui n'aiment pas le sucré peuvent étaler une fine couche de raifort râpé sur une tartine de pain complet, beurrée ou non. Le goût en est relevé, et cela agit sur les rhumatismes, les affections urinaires et rénales, stimule la digestion et renforce les défenses de l'organisme,

Compresses de purée : des compresses de purée de raifort, de l'épaisseur d'un manche de couteau, soulagent l'asthme et stimulent la circulation du sang. Ne jamais laisser plus de 5 mn, ou au plus 10 mn, à cause de l'irritation de la peau que cela peut provoquer !

Epice : le raifort est une épice qui stimule la digestion ; on l'ajoute à la viande de bœuf et de porc, à des rôtis froids aussi bien qu'à des saucisses bien grasses. Le rôti de bœuf à la sauce de raifort est un plat de fête.

Attention ! Si l'on dépasse les doses indiquées à des fins médicales, si l'on épice ses repas trop souvent et trop abondamment avec du raifort, on risque de souffrir d'irritations d'estomac, d'intestins et de reins !

Mélisse

Melissa officinalis

Famille : Labiées

Citronnelle, citronnade, herbe du citron, piment des abeilles, thé de France.

♃ ☼ ± ❀ ♤ VI-VIII

Cette plante est originaire d'Orient : son nom botanique vient du grec ''melissa'' = mouche à miel. Elle est répandue dans tout le bassin méditerranéen, jusque dans les vallées des Alpes du sud. Là-bas, la mélisse avec ses feuilles odorantes est connue déjà depuis l'Antiquité comme plante mellifère, médicale, condimentaire et décorative. Des moines l'ont apportée d'Europe du sud vers l'Europe centrale, et cultivée dans les jardins des cloîtres ; ils l'ont utilisée, entre autres, à des fins médicales, pour soigner les populations. Les carmélites fabriquaient déjà en 1611 l'esprit de mélisse, connu jusqu'à nos jours.

Aide : en cas de nervosité, de difficultés de sommeil, de troubles gastriques, intestinaux et cardiaques et d'épuisement.

Constituants : huile essentielle de mélisse, tanins, substances amères.

Culture

La mélisse a besoin d'un sol humosique, calcaire, pas trop lourd et d'un emplacement chaud, protégé du vent et ensoleillé. Mettez un peu de compost à cet endroit, avant de les planter, et ensuite, tous les printemps.

La mélisse citronnée, avec son parfum réellement citronné, est bien connue et n'a pas besoin de soins particuliers.

La semence a besoin jusqu'à la germination, c'est-à-dire pendant 1 semaine, de températures allant de 20 °C à 25 °C. Il est courant d'avoir des pertes dues à des maladies. Il est plus simple d'acheter les premiers plants ; 3 ou 4 suffisent pour une famille moyenne. On les trouve au printemps dans les jardineries et même sur les marchés. Peut-être que des voisins ou des amis pourraient vous donner des plantes qu'ils ont divisées, ou bien des boutures. De toutes façons, il faut diviser, au début du printemps les pieds de mélisse anciens et volumineux, pour les planter à nouveau. A partir d'1, on en fait 3 ou 4 !

On taille en juin les boutures de 5 à 6 cm de long, on les plonge dans des hormones d'enracinement et on les repique séparéent dans des petits pots de 9 cm. On les remplit avant le repiquage d'un mélange humide de TKS 1 et de sable dans les proportions 1/1. Chaque petit pot est coiffé d'un sachet transparent qui le protège contre l'évaporation, on le place dans un endroit bien éclairé mais pas exposé à un ensoleillement direct et on maintient l'humidité. En principe, les boutures ont pris racine au bout de 2 semaines et, 3 semaines plus tard, elles sont prêtes à s'endurcir. A partir de la 5e semaine suivant le repiquage, on fume 1 fois par semaine avec 1 g/l, et un jour avant de planter, après environ 10 semaines, on fume avec 2 à 3 g/l.

On plante du début à la mi-mai, les boutures un peu plus tard, à distance de 40 × 30 cm. Ne pas oublier d'arroser abondamment ! La 1re année surtout, il est important d'enlever les mauvaises herbes, de maintenir le sol meuble et d'arroser en cas de sécheresse. Plus tard, il suffit d'arroser lorsque le temps est très chaud et sec. Il est toujours bon de mettre du compost au printemps. Si vous suivez ces conseils, vous ne tarderez sans doute pas à être dans la même situation que nous. Les plants de mélisse deviennent volumineux et nous trouvons régulièrement de la mélisse à des endroits tout à fait inattendus ; elle s'est ressemée de façon naturelle. Nous pouvons alors rajeunir les vieux pieds, offrir des plants ou bien ''enrichir'' le compost.

Récolte, préparation, utilisation

Prenez des feuilles fraîches aussi longtemps que possible pour préparer tisanes et bains et ne séchez que ce dont vous avez besoin pour l'hiver ! Cueillez-les alors si possible avant la floraison et faites sécher rapidement à l'ombre ou bien au four, à 35 °C ou 40 °C.

Tisane : verser 1/4 l d'eau froide sur 2 cuillers à café de feuilles de mélisse pulvérisées, amener à ébullition, enlever de

Comme on récolte les carottes dès le premier été, beaucoup de personnes ne connaissent pas les fleurs des carottes qui n'apparaissent que la deuxième année.

la plaque, filtrer au bout de 10 mn. On la sucre avec du miel et on en boit chaque jour de 1 à 3 tasses en cas de nervosité, de troubles cardiaques d'origine nerveuse, de troubles du sommeil ; on la boit sans sucre en cas de troubles gastriques et intestinaux ou de migraine.

Bains : verser 1 l d'eau sur 60 g de feuilles de mélisse, amener à ébullition, enlever de la plaque, filtrer au bout de 10 mn. On ajoute cet extrait au bain. Il a un effet calmant, équilibrant et favorise l'endormissement.

Compresses : on applique des compresses de feuilles fraîches écrasées, sur des petites blessures pour les nettoyer, les rafraîchir et calmer la douleur. C'est valable aussi pour les piqûres d'abeilles et de guêpes.

Epice : on emploie des feuilles fraîches, hâchées menu, seules ou avec d'autres herbes, pour assaisonner des salades vertes, des crudités, des sauces, mais aussi des plats de gibier, de champignons, de poissons cuits et frits. Il ne faut jamais faire cuire la mélisse, on l'utilise exclusivement crue !

La mélisse fait partie des herbes obligatoires pour le vinaigre fait maison, à côté de l'inévitable estragon, du basilic, de la sarriette et de quelques autres encore.

Carotte

Daucus carota

Famille : Ombellifères

  ±  VI-IX

La carotte sauvage, originaire d'Asie Mineure, qui est l'ancêtre des carottes de jardin, s'est acclimatée chez nous et pousse dans les prés, sur les pentes et au bord des chemins. Elle a une racine mince et claire qui sent aussi bon que les feuilles. On utilise les carottes de jardin à des fins médicinales parce que, au point de vue masse et constituants, elle est plus généreuse et qu'on ne peut pas la confondre avec d'autres plantes indigestes ou même toxiques (la cigüe !).

Aide : en cas de difficultés d'alimentation des nourrissons et manque de vitamine A, ce qui provoque, entre autres choses, des troubles de la vue au crépuscule et dans l'obscurité ; de nombreux troubles de la digestion chez des personnes ayant un estomac sensible ; de présence de vers.

Constituants : carotène (provitamine A), vitamines B1, B2, E et C, flavonoïdes, huile essentielle, sucre, pectine.

Culture

On trouve des graines dans tous les commerces spécialisés. A conseiller pour leur teneur en carotène : ''Rouge parisienne'', ''Rouge courte'', ''Scarla'', ''Nantaise''.

On sème dès que le sol est dégelé en profondeur et sec à la surface (mars-avril), dans des rangées profondes de 3 cm ; distance entre les rangées : 20 cm pour les variétés précoces, 25 cm pour les variétés à stocker, que l'on met en terre plus tard (mai-juin). Comme les carottes mettent 2 à 3 semaines pour germer, mélangez les graines avec des graines de radis et d'aneth. Les premières germent très vite, si bien que vous pouvez bientôt biner entre les rangées, l'aneth stimule la germination des carottes. En outre, il est bon d'associer une culture d'oignons ; alternativement 1 rangée d'oignons et 1 rangée de carottes, la mouche des oignons déteste l'odeur des carottes, la mouche des carottes l'odeur des oignons !

Les petits plants de carottes sont ''sensibles au sel''. C'est pourquoi, en cas de fumure minérale (sel nutritif !), on ne met, avant le semis, que 40 g/m² d'un engrais bleu et on pulvérise encore 40 g lorsque les plants ont la hauteur d'une main. Si on fume avec engrais organique-minéral, on donne d'abord environ 60 g/m² et, plus tard, encore une fois 40 g.

Après le semis, on tasse un peu les graines, on râtisse les rangées. Tant que les premières vraies petites feuilles ne se sont pas formées, il ne faut pas que le sol soit trop humide. Le besoin en eau augmente seulement avec la croissance des carottes. Afin que chaque carotte ait assez de place, éclaircissez dans la rangée jusqu'à 2 ou 3 cm de distance. Et puis arrosez, afin que des carottes secouées par mégarde puissent ''reprendre pied''. Il peut arriver que vous trouviez sur les carottes ainsi que sur le cumin et l'aneth des chenilles du Grand Porte-queue, un papillon devenu rare. Laissez-les vivre et se développer ! Elles sont d'un noir velouté avec des petites verrues rouges, plus tard vertes avec des rayures noires, dont chacune porte 6 points rouge orangé. La chrysalide verte, jaune ou brun foncé, d'où sort, au printemps, le beau papillon, passe l'hiver dehors.

Récolte, préparation, utlisation

On va récolter les carottes de printemps et d'été au fur et à mesure de ses besoins, dès qu'elles ont assez de ''masse'' ; quant aux carottes à stocker, on les retire avec précaution du sol à l'aide d'une fourche-bêche et par temps sec, lorsqu'elles sont arrivées à maturité. Enlevez les fânes en les tournant ou bien coupez-les, de façon à ce que la racine ne soit pas endommagée. Mettez de côté les raves abîmées ou en partie grignotées pour les consommer rapidement ! Les carottes sans aucun défaut que l'on stocke correctement peuvent rester fraîches et juteuses pendant des mois. On les garde dans des bassines ou des caisses doublées de plastique, remplies de terre mélangée à du sable, et légèrement humide, à une température de 8 °C à 10 °C.

Jus : coupez les carottes en petits morceaux et mettez-les dans une bonne centrifugeuse. Le jus doit être consommé le jour même. En cas de difficultés d'alimentation de l'enfant, on donne, selon l'âge, 1 cuiller à café ou 1 cuiller à soupe de jus plusieurs fois par jour.

Purée : râpez les carottes avec une râpe en verre ou bien écrasez-les au mixer. Les enfants souffrant de vers ne devraient rien manger d'autre que cette purée pendant 1 ou 2 jours. Le jus de carottes et les carottes râpées sont de bons remèdes pour les personnes ayant des problèmes de vision au crépuscule et pour celles qui ont l'estomac sensible. On peut employer la purée en usage externe sur les abcès et les escarres.

Masque facial : râper 2 jeunes carottes. Faire une purée en y mélangeant 1 cuiller à soupe de fécule de pomme de terre et 1 jaune d'œuf. Enduire le visage après l'avoir nettoyé, laissez agir 20 mn. Laver à l'eau chaude puis à l'eau froide. Ce masque a une action nourrissante, rafraîchissante, adoucissante. Toutes les peaux supportent un masque de beauté à la carotte.

Crudité : du fait que les carottes sont bien connues comme légume, seules ou bien accompagnées de petits pois et assaisonnées de persil, voici seulement une recette de carottes en crudité : nettoyer 1 grande carotte ou bien 2 ou 3 petites ; si c'est nécessaire, les peler et les râper. Y ajouter du jus de citron et du glucose. Une source d'énergie rafraîchissante !

Menthe poivrée

Mentha × piperita

Famille : Labiées

Menthe anglaise

♃ ◑ ⚘ VII-VIII

La menthe poivrée est un croisement de 2 espèces de menthes, la menthe aquatique (*M. aquatica*) et la menthe verte (*M. spicata*). Elle a été décrite pour la première fois en Angleterre en 1696. Lorsqu'on les froisse, toutes les parties ont une forte odeur de menthol.

La menthe aquatique pousse au bord des eaux courantes et stagnantes, immergée dans des eaux peu profondes. La menthe verte est une plante de culture.

Aide : en cas de troubles gastriques avec nausées et vomissements, flatulences et crampes, douleurs dues à des calculs biliaires, écoulement restreint de bile ; aide aussi, bue très chaudement par petites gorgées, en cas de migraines violentes. Surtout ne pas prendre en cas d'ulcère de l'estomac !

Constituants : huile essentielle avec jusqu'à 60 % de menthol, tanins, substances amères.

Culture

La menthe poivrée pousse de préférence sur des sols humides, humosiques. Il semble qu'elle stimule la croissance des plantes voisines.

Important: ne planter de la menthe ou autre labiée au même endroit qu'après 4 années au moins ! On peut se procurer les plantes de menthe poivrée véritable ou souvent aussi les stolons (souterrains et blancs) et les boutures enracinées dans le commerce spécialisée.

La véritable menthe poivrée aromatique ne se multiplie pas à partir de graines, mais seulement à partir de boutures.

Pour des fins médicinales, procurez-vous la variété 'Mitcham' aux feuilles d'un vert bleuâtre foncé. Elle est particulièrement riche en constituants, et supporte, en outre, l'altitude jusqu'à 700 m. 2 ou 3 pieds suffisent ordinairement pour la consommation fraîche d'une famille. Si vous voulez faire sécher des feuilles pour l'hiver, il en faut alors plus. Si vous voulez multiplier vos propres plantes, choisissez les stolons et les boutures plus vigoureux. Les stolons doivent avoir 10 cm de long et au moins 3 boutons bien formés. On les met en octobre ou en avril-mai à 5 cm de profondeur, on presse et on recouvre de terre.

Début mai, on met les boutures de 5-10 cm, saupoudrées d'hormone, dans une couche recouverte d'une feuille à ombrer, distance 4 x 4 cm. Comme terre, il convient de prendre un mélange de TKS 1 et de sable à proportion de 1/1. Dès que de nouvelles feuilles ont poussé, on les replante à une distance de 20 x 30 cm.

La menthe poivrée a besoin d'un sol constamment humide. Il est bon de mettre, au printemps, un engrais liquide pour fleurs dans une concentration de 2 g/l ou bien un engrais organique liquide 2 à 3 fois pendant l'été jusqu'en août. Il est important de désherber et de maintenir le sol meuble, surtout pendant les premières semaines. Plus tard, on enlève toutes les fleurs afin que la force des plantes ne passe pas dans la formation des graines.

Les étés humides, ou bien lorsque les plantes n'ont pas assez de place, on voit parfois apparaître la rouille de la menthe poivrée. Le champignon se trouve, juste avant la floraison, sur les feuilles, sous forme de pustules rouge rosé. Il n'existe qu'une antidote : tout couper immédiatement, faire sécher les feuilles saines, mettre les autres de côté. Ensuite, les plantes reprennent une croissance saine ; le champignon ne fait qu'une seule apparition.

En hiver, il faudrait donner à la menthe une couverture de brindilles de sapin en cas de manque de neige et de gelée. Pour avoir une tisane de feuilles fraîches, tout spécialement appréciée des connaisseurs, vous pouvez garder les plantes en pot à la maison : elles resteront vertes et pousseront bien. On les maintiendra humides, on fumera toutes les 3 ou 4 semaines avec 2 g/l d'engrais organique liquide et on gardera au chaud à une température de 20 °C à 22 °C. Comme, en hiver, la lumière du jour est trop faible, même à la fenêtre, on l'éclairera en plus – avec une lampe spéciale pour plantes – pendant 10 à 12 heures.

Des radis juteux du jardin sont un accompagnement délicieux pour le pain et la bière, un réconfort pour le foie et la bile !

Récolte, préparation, utilisation

On cueille les feuilles et les pousses qui ne sont pas en fleur, on les consomme fraîches ou bien on les fait sécher en couches fines à une température qui ne dépasse pas 35 °C à 40 °C, à l'ombre, dans un endroit aéré, ou bien au four.

Tisane : verser 1/4 l d'eau bouillante sur une cuiller à café bombée de feuilles de menthe hâchées menues, filtrer au bout de 8 à 10 minutes. Non sucrée, bue à petites gorgées et pas trop chaude, elle aide, la plupart du temps rapidement, en cas de difficultés digestives. En cas de migraine, il faut la consommer très chaude, lentement, à la petite cuiller.

Bain : verser 1 l d'eau bouillante sur 250 g de plantes, filtrer au bout de 10 mn. Cet extrait ajouté au bain a une action décontractante, délassante et calmante pour les problèmes d'estomac et de bile. Ici, vous pouvez aussi utiliser de la menthe aquatique ou bien de la menthe obtenue à partir de graines.

Les nourrissons et les jeunes enfants ne doivent pas encore boire de tisane de menthe, ils ne la supportent pas à cause de sa teneur en menthol.

Epice : les feuilles de menthe relèvent les crudités, les plats de régime, le poisson, les plats de viande, les soupes, les sauces ; on l'utilise crue, mais on peut aussi la cuire.

Des feuilles de menthe hâchées menues, saupoudrées au milieu de la cuisson sur des pommes de terre à l'eau, leur donnent un arôme délicieux.

Sauce : laisser tremper 1 petite tasse de jeunes feuilles de menthe hâchées menues pendant 2 heures dans 1/8 l de vinaigre de vin. Mélanger dans une passoire fine, assaisonner avec du sucre et une pincée de sel, diluer avec un peu d'eau, selon le goût. C'est bon avec la viande de bœuf et d'agneau. Si l'on remplace le sel par du jus de citron, cette sauce peut accompagner des mets sucrés.

Boisson rafraîchissante : préparer la tisane de menthe comme écrit précédemment, laisser refroidir. Puis, mélanger moitié moitié avec du jus d'ananas frais ou en conserve. Cette boisson rafraîchit, surtout si on ne la sucre pas.

Milk-shake : on mélange 10 g de feuilles de menthe fraîche avec 1 litre de lait écrémé chaud, on laisse infuser 10 mn, on filtre. Sucrer avec du miel ou du sucre candi. C'est aussi bon chaud que froid.

Liqueur : mettre 500 g de feuilles de menthe verte fraîche dans une grande bouteille avec le zeste de 2 oranges non traitées (ou de citrons, en cas de besoin) et une pincée de muscade. Verser dessus 1/2 l d'alcool à 96 % (pharmacie). Laisser reposer 3 semaines au soleil, passer dans du papier filtre. Faire bouillir 600 g de sucre dans 1 l d'eau jusuq'à ce qu'il fasse des fils, ajouter au breuvage. Remplir des petites bouteilles, fermer hermétiquement et laisser reposer pendant plusieurs semaines.

Radis

Raphanus sativus

Famille : Crucifères

  V

Le radis est une plante très ancienne, dont la forme sauvage vient probablement d'Asie Mineure. Il y a 2 600 ans déjà, on mangeait des radis en Egypte ; les légionnaires romains les ont apportés en Europe centrale, il y a 2 000 ans environ.

Chez nous, ils sont appréciés partout. Ils ne manquent jamais sur les marchés et on les trouve dans de nombreux jardins.
Aide : en cas d'inflammations des voies biliaires, de formation de calculs et de sable, si le foie a besoin d'être ménagé.
Constituants : huile essentielle avec de la myrosine, raphanol, vitamine C.

Culture

Les radis ont besoin d'un sol humosique, riche en substances nutritives, avec un bon approvisionnement en eau et d'une planche pleinement éclairée. Il ne faut pas les remettre au même endroit avant plusieurs années, sinon il y a risque d'apparition de maladies (l'alternariose ou taches brunes) et de parasites (mouche du radis). Ne jamais donner de fumier car cela attire la mouche, et vous récolterez des radis véreux. Avec une toile, on peut tenir les mouches éloignées.

Avant le semis, on donne 60 à 80 g/m² d'engrais organique-minéral ou bien 60 g/m² d'engrais de base minéral, puis au bout de 3 à 4 semaines, 20 à 40 g/m² d'engrais organique-minéral ou 20 g d'engrais minéral.

Vous trouverez les graines dans tous les commerces spécialisés. Ce sont surtout les radis noirs qui contiennent beaucoup de substances efficaces, mais blancs ou bruns, ils sont aussi bons les uns que les autres pour la santé. A des fins médicales, on n'emploie que les radis noirs et les blancs, par exemple :

'Sommer Cross' : semis mars-mi septembre, distance 20 × 20 cm.

'Neckarruhm' : semis mars-mai, distance 20 × 20 cm.

'Silverstar' : semis mai-juillet, distance 25 × 20 cm.

'Demi-long blanc' : semis mai-août, distance 20 × 20 cm.

'Münchner Bier' : semis mi-juillet-début août, distance 25 × 25 cm.

'Long noir' : semis mi-juillet-début août, distance 25 × 25 cm.

'Rond noir' : semis mi-juillet-début août, distance 25 × 20 cm.

Ces 3 dernières variétés, qui sont nettement des sortes à stocker, supportent des températures légèrement au-dessus de zéro. Ils restent longtemps juteux et frais, si on les conserve dans un grenier ou dans une cave fraîche, enfouis dans un mélange un peu humide de terre de jardin et de sable.

Les radis de printemps et d'été ont besoin d'environ 8 à 10 semaines, les radis d'hiver de 12 à 15 semaines jusqu'à la récolte.

Tracez les rangées à la bonne distance, selon les variétés choisies, tassez à chaque endroit (distance dans le rang) où vous avez mis 2 ou 3 graines à 2 cm de profondeur et recouvrez avec un peu de terre. Dès que tous les petits plants sont là, au bout d'environ 1 semaine, on laisse le plus vigoureux à chaque place. On enlève les autres avec l'ongle ou les ciseaux.

Si vous maintenez la planche régulièrement humide, mais pas trop mouillée, vous agissez dans le bon sens pour le développement des radis et contre les altises gourmands qui aiment la sécheresse. On donne encore plus d'eau lorsque la racine pivotante a atteint la grosseur d'un crayon et, à partir de là, jusqu'à la récolte. Un arrosage judicieux joue un rôle décisif pour la grosseur, la tendresse et l'arôme des radis !

Vous pouvez aussi planter les variétés 'Rosé de Pâques' et 'Rex'. Pour cela, on sème dans une coupe ou un pot (mars-mai), au chaud sur la fenêtre. Dès que les replants ont atteint 5 à 6 cm de longueur du bout des racines aux cotylédons, plantez-les verticalement et jusqu'au cotylédons à la bonne distance 25 × 20 cm. Les radis replantés deviennent, la plupart du temps, particulièrement gros, si on s'en occupe bien.

Les radis véreux ou de couleur bleu-gris doivent aller à la poubelle, et pas sur le compost ! Ce qui est important pour prévenir l'alternariose, c'est aussi de bien pourvoir le sol en potasse et d'éviter de donner de la chaux à une terre normale. En cas de doute, faites faire une analyse du sol (voir p. 121).

Récolte, préparation, utilisation

On récolte les radis lorsque les raves (les radis) sont bien grandes, mais encore tendres. On les utilise frais et jamais séchés.

Les personnes ayant l'estomac sensible doivent d'abord faire un petit essai.

Jus : on râpe les radis, une fois nettoyés, avec une râpe en verre et on les presse à travers une mousseline fraîche, puis on les broie au mixer ou dans une centrifugeuse (voir p. 41).

Une cure de jus frais permet de drainer la bile, aide souvent à apaiser les inflammations des voies urinaires, renforce la thérapie visant à ménager le foie.

On commence avec 100 g de jus à jeun 1 fois par jour et on augmente petit à petit jusqu'à 4 fois 100 g par jour. Puis on revient lentement à la dose du début et on fait une pause.

Jus au miel : râpez un grand radis avec la râpe en verre, mélangez le produit obtenu, ainsi que le jus, avec 3 cuillers à soupe de miel, laissez reposer pendant 10 heures et ensuite pressez-le. Le jus aide à

éliminer la toux ; on le prend plusieurs fois par jour à la cuiller à soupe ou à la cuiller à café. Il existe une méthode ancienne d'après laquelle on creuse un grand radis, on le remplit d'un peu de miel et on le laisse reposer jusqu'à ce qu'il y ait assez de jus qui se soit formé.
Cuisine : le radis est bien connu. On peut le couper en tranches fines et le saler pour préparer une salade. Voici 2 idées.
Salade : laver les radis, les brosser et les râper sur la râpe à crudités (aussi en verre). Mélanger avec un peu de sel de céleri, du basilic hâché menu, un peu de crème aigre et de jus de citron.
Yaourt : râper, selon la grosseur, 1 ou 2 radis et 1 petite pomme douce, battre avec le contenu d'un yaourt et saupoudrer de ciboulette hâchée menue. C'est très bon avec une tartine de pain complet beurrée.
Masque facial : les radis aident à combattre les tâches de rousseur. Bien nettoyer la peau, la graisser légèrement, y appliquer des tranches de radis. Le jus doit agir au moins pendant 30 mn. Enlever avec du lait tiède.

Souci
Calendula officinalis
Famille : Composées
Souci des jardins

 VI-X

Le souci, dont toutes les parties sentent bon, est sans doute originaire du bassin méditerranéen. Déjà dans l'Antiquité, c'était une plante médicinale importante. Elle est venue chez nous probablement au début du Moyen-Age. Hildegard von Bingen la mentionne dans ses écrits et Paracelse utilisait les fleurs comme remèdes. La plante est tombée dans l'oubli, mais, depuis quelque temps, on y revient.
Aide : en cas d'affections biliaires et en usage externe sur des blessures guérissant mal, des inflammations, des foulures, des abcès.
Constituants : huile essentielle, calendula, saponine, glucoside, substances amères, tanins, mucilages, ferments, acides organiques.

Culture

Les soucis poussent dans tous les sols normaux de jardin, dans des plates-bandes ensoleillées. Ils ont besoin d'humidité, sans poche d'eau. Les étés pluvieux, ils ont parfois le mildiou, une maladie cryptogamique qui forme une couche blanchâtre sur les feuilles.

Vous trouverez des graines dans tous les magasins spécialisés. Les variétés pleines donnent les meilleurs rendements ; ceux de couleur orange sont les plus beaux.

Si vous voulez en planter en pots, les 'Fiesta gitana', qui n'ont que 30 cm de hauteur, conviennent très bien ; leurs fleurs ont toutes les couleurs du calendula et ils ont été sélectionnés par Fleuroselect en 1977. On peut avoir du jaune orangé et du jaune d'or séparément avec les variétés 'Orange Gitana' et 'Yellow Gitana'. Le souci 'Radio' par exemple, aux fleurs pleines et de couleur orange ont 50 cm de hauteur et conviennent donc mieux pour une plate-bande.

Semez, selon le temps, début ou mi-avril, directement dans la planche que vous aurez préparée ; distance entre les rangées 30 cm. A ce moment de l'année, la germination dure 2 à 3 semaines. Plus tard, on éclaircit à 20 cm dans la rangée ou

Avec les fleurs de souci, si aromatiques, on peut préparer le beurre de souci, qui calme la douleur et guérit les petites écorchures.

même plus, selon la hauteur de la variété. La floraison commence en juin et dure jusque tard en octobre si le temps n'est pas trop rude.

Il arrive que des graines d'anciennes plantes tombées à des endroits protégés, survivent à l'hiver et nous fassent le cadeau de belles fleurs au mois de mai.

Récolte, préparation, utilisation

Cueillez les fleurs pleinement ouvertes, par temps très sec et faites-les sécher rapidement à l'ombre ou, en cas de besoin, au four, à environ 35 °C. Avant de les faire sécher, il faut enlever les pétales du réceptacle.

Tisane : verser 1/4 l d'eau bouillante sur 2 cuillers à café de pétales séchés, filtrer au bout de 10 mn. En boire une tasse moyennement chaude, 2 ou 3 fois par jour, aide en cas d'affections biliaires.

Usages externes : verser 1/4 l d'eau bouillante sur 2 cuillers à soupe de fleurs, filtrer au bout de 10 mn. On utilise cette infusion en compresses, enveloppements, bandages et bains pour les petites blessures qui guérissent mal, les abcès aux jambes, les inflammations de l'ongle ainsi que pour les foulures.

Beurre de souci : pour cela, on prend du beurre de chèvre que l'on mélange en proportion de 1/1, avec des pétales écrasés. Chauffez le mélange légèrement, jusqu'à ce que le beurre ait pris la couleur des pétales et ait ainsi absorbé les autres constituants. Enlevez maintenant les pétales, la crème est prête. Conservez-la au réfrigérateur et n'en préparez jamais trop à l'avance, car elle tourne vite au rance.

Lotion de nettoyage : verser 1/2 l d'eau bouillante sur 25 g de fleurs, filtrer au bout de 15 mn. Cela nettoie en douceur les peaux délicates, squameuses et impures. Il faut en refaire souvent. Les maisons de régime proposent des crèmes au calendula pour les peaux délicates.

Produit phytosanitaire biologique : au jardin, les soucis sont à leur place partout où il s'agit de combattre les nématodes prédateurs. Près des fraises, en semis précédent les petits pois, les choux, les concombres, et aussi sous les lys, les iris, les roses.

Eglantier

Rosa canina

Famille : Rosacées

Rose des haies, rose sauvage, rose des chiens, cynorhodon, gratte-cul.

♦ ☼ ± ⊙ VI-VIII

Les églantiers de chez nous ont des fleurs roses toutes simples et qui n'ont presque pas d'odeur. Les cynorhodons, d'un rouge éclatant sont des fruits seulement en apparence ; à l'intérieure, ils renferment quantité de ''graines'' dures. Depuis la nuit des temps, on les utilise à des fins médicinales et alimentaires.

La *Rosa rugosa* qui est bien acclimatée chez nous a de grands cynorhodons ronds et bien charnus. Elle est originaire des zones climatiques froides d'Extrême-Orient. Les fleurs roses toutes simples exhalent une bonne odeur. Ce sont les grands cynorhodons pendants, en forme de bouteille et d'un rouge pourpre, de la rose des Alpes ou rose sans épines (*R. pendulina* var. *oxyodon*), originaire du

Voici à quoi ressemblent les cynorhodons de nos églantiers. Qui ne se souvient pas d'avoir utilisé, dans son enfance, son contenu poilu comme poil à gratter ?

Caucase oriental, qui sont les plus riches en vitamine (jusqu'à 3 000 mg de vitamine C/100 g de pulpe). Les fleurs (mai-juin) se présentent sous forme de grappes d'ombelles, elles sont rose foncé et sentent peu.

Il existe aussi des variétés cultivées à partir des espèces mentionnées, qui ont un rendement particulièrement bon. Toutes sont robustes et saines et atteignent environ 2 ou 3 m de haut. Les roses sauvages offrent abris et nourriture aux oiseaux et elles sont mellifères en même temps. Les haies de roses poussant librement protègent contre le vent et le bruit.

Aide : en cas d'infections, de risque de contagion, de faiblesse après une maladie, de manque de vitamine C et de manque d'appétit.

Constituants : vitamine C, carotine (provitamine A), vitamines B1, B2, K et P, substances minérales, acides de fruit, flavonoïdes, tanins, sucre. Les pépins contiennent de la vanille.

Culture

Les roses poussent dans un endroit libre et aéré, dans une terre meuble, contenant de l'argile et de l'humus, sans eau stagnante. Les églantiers et les roses des Alpes ont besoin d'un sol calcaire (pH 6,5 jusqu'à 7). Le meilleur pH pour les *Rosa rugosa* est entre 4,1 et 5 ; le sol doit être donc légèrement acide. C'est pourquoi il faut, dans de nombreux cas, mettre de la tourbe dans le trou de plantation et arroser avec de l'eau de pluie ou de l'eau adoucie par de la tourbe. En cas de mauvaise réaction du sol, les feuilles des *Rosa rugosa* deviennent jaunes ou jaunâtres ! Les églantiers aiment bien pousser sur les pentes exposées au sud, où elles fixent en même temps la terre par leurs racines et leurs stolons. Une fois qu'elles ont poussé, elles peuvent traverser de longues périodes de sécheresse. Les *Rosa rugosa* ont besoin de plus d'humidité. Achetez vos roses dans une bonne pépinière et commandez-les à temps pour la période de plantation en octobre-novembre. Plantation voir p. 33. Ne pas couper les pousses.

Disposer les rosiers par groupe de 3, à 1,50 m de distance les uns des autres ; pour une haie, 60 cm suffisent.

On n'arrose jamais au moment le plus chaud de la journée et on veille à mouiller le moins possible les feuilles pendant cette opération. Si la terre n'est pas protégée par du mulch ou par des plantes couvrantes comme, par exemple, les campanules fluettes (*Campanula poscharskyana, C. portenschlagiana, C. cochlearifolia*), vous devriez l'ameublir superficiellement à la binette, chaque fois que vous arrosez et que la terre a séché. Des dalles pour poser les pieds facilitent le travail entre les rosiers, puisqu'elles permettent de ne pas abîmer la végétation intermédiaire ni de piétiner le sol.

La première année, fumez avec du compost, de la bouse de vache ou d'autres engrais organiques (commerce spécialisé). Même plus tard, vous ne pouvez pas éviter de mettre de l'engrais organique au printemps, mais la plupart du temps, le compost suffit pour ces roses sauvages.

Récolte, préparation, utilisation

Pour la tisane de cynorhodon, prenez aussi longtemps que possible des fruits frais et pas encore mous. Faites sécher une petite provision pour le reste du temps. La teneur en vitamine C en est à peine réduite. Coupez les fruits avant de les faire sécher, enlevez les fragments de fleurs et les petits poils, Les graines aussi, mais seulement si vous n'aimez pas la légère odeur de vanille. Faites-les sécher sur une tôle bien propre ou recouverte d'une feuille d'alu, au four à 40 °C. Broyez les fruits séchés et conservez-les comme il faut (voir p. 38), mais pas plus longtemps que jusqu'à la prochaine récolte.

Tisane : mettre 2 cuillers à café bombées de cynorhodons broyés dans 1/4 l d'eau froide, laisser 10 mn sur le feu, filtrer. Grâce à différentes substances qui l'accompagnent, la teneur en vitamine C se maintient plusieurs heures malgré l'ébullition. C'est donc aussi une boisson à emporter dans la bouteille thermos. Cette tisane renforce les défenses de l'organisme, aide en cas de fièvre, de faiblesse générale, de plaies guérissant mal et a une action légèrement laxative, si on la fait bouillir avec les graines.

Confiture : 500 g de cynorhodons, 1 tasse d'eau, le jus d'1 citron, 1/2 bâton de cannelle, 1 pincée de cardamone, 150 g de miel. Enlever les tiges des cynorhodons, coupez les fragments de fleurs, fendez les fruits en deux, sortez les pépins avec un couteau pointu en les grattant bien. Laver les moitiés de cynorhodons consciencieusement jusqu'à ce que tous les petits poils soient partis. Recouvrir d'eau et laisser reposer 1 nuit.

Le lendemain, verser un peu d'eau. Faire cuire les cynorhodons dans 1 tasse d'eau, avec les épices jusqu'à ce qu'ils soient mous, filtrer à travers une passoire fine. Ajouter le miel. Laisser cuire ensemble pendant 10 mn à faible température. Mettre dans des pots, fermer immédiatement. Prise par petites cuillérées, elle agit contre le manque d'appétit pendant et après une maladie.

On peut, évidemment, aussi utiliser cette recette de confiture pour la cuisine. La confiture du cynorhodon est délicieuse sur une tartine de pain, comme garniture de petites tartelettes en pâte brisée entre deux couches de crème à la vanille et comme épice pour des plats de viande relevés.

Jadis, on utilisait le cynorhodon bien plus que de nos jours.

Je ne vous donnerai comme exemple que 4 recettes tirées du livre de cuisine de mon arrière-grand-mère :

Compote de cynorhodons frais : on râpe les fruits (la quantité n'est pas indiquée) vigoureusement avec un tissu, on enlève les petites tiges, on fait une ouverture et on va chercher les pépins avec un petit bâton, on lave les fruits et on les met dans une

passoire pour qu'ils égouttent. Maintenant, on fait cuire les cynorhodons avec précaution afin qu'ils ne se disloquent pas, dans 1 ou 2 tasses d'eau et 1 verre de vin avec du sucre ; on va les chercher avec une écumoire et fais cuire encore un peu le jus. (On faisait cuire les cynorhodons séchés de la même manière, mais après les avoir laissé tremper une nuit dans de l'eau tiède).

Crème de cynorhodons : on frotte une assiette de cynorhodons bien mûrs avec un tissu propre, on coupe le bout de la fleur, on enlève les pépins, on les laisse ramollir dans 1/8 l d'eau et de vin et on les passe à travers un tamis de crin. Puis on casse 7 ou 8 œufs et on met les jaunes dans 1/4 l de crème fraîche sucrée, on met du sucre en quantité suffisante pour que le tout soit assez sucré, un peu de vanille, selon le goût, et on porte le mélange à ébullition tout en remuant. Puis on enlève la casserole du feu, on ajoute les cynorhodons et on laisse refroidir dans le plat de service.

Soufflé aux cynorhodons : on épépine une bonne assiette de cynorhodons, on les lave et on les met dans une passoire pour qu'ils s'égouttent ; puis, on les fait revenir dans 1/2 verre de vin et du sucre à volonté. Ensuite on fait une pâte avec 100 g de beurre râpé, 6 ou 7 jaunes d'œufs, 110 g de sucre et de la cannelle, et aussi environ 160 g de pain rassis émietté ; on la mélange aux cynorhodons refroidis et on y ajoute délicatement les blancs d'œufs battus en neige ; on fait cuire le tout pendant une bonne heure.

Autrefois on aimait bien manger les plats de viande avec des cynorhodons, ou plutôt de la sauce aux cynorhodons :

Sauce aux cynorhodons : on met des

Au milieu des nobles roses, les églantines font l'effet de gracieuses jeunes paysannes.

cynorhodons séchés dans de l'eau froide et on les fait cuire pour les attendrir. Il faut alors les passer à travers un tamis de crin et ensuite les faire de nouveau cuire, en les mélangeant avec un verre de bon vin, un peu de sucre et de sel, assez longtemps jusqu'à ce que le mélange épaississe. On obtient alors une sauce dense qui s'accompagne parfaitement à la viande de paon, de faisan, à la langue, le ragoût d'oreilles, de groin et de pieds de porc, ainsi qu'à la poule-au-pot.

Milk-shake : bien mélanger 1 cuiller à soupe de confiture de cynorhodons avec 1/8 l de lait caillé. Mélanger à 1/2 tasse de crème fouettée bien ferme.

Liqueur : 500 g de cynorhodons, 1 bâton de vanille, 1/4 l d'alcool à 50 % (prendre à la pharmacie de l'alcool à 96 %, le diluer de moitié avec de l'eau), 300 ml d'eau, 150 g de sucre.

Après avoir bien lavés les cynorhodons, les fendre en deux, les mettre avec le bâton de vanille dans une grande bouteille. Verser l'alcool, laisser reposer le mélange 2 à 3 semaines à la lumière et dans un endroit le plus ensoleillé possible. Passé ce délai, filtrer soigneusement, ajouter un sirop de sucre cuit et refroidi, mettre en bouteilles. Laisser mûrir au moins pendant 6 mois.

Concentré de cynorhodons : prendre des fruits mûrs, leur enlever le calice, les laver, les couper, ou, s'ils sont en grande quantité, les concasser. Cuire pendant 3/4 d'heure à l'étuvée avec de l'eau dans une casserole couverte, ce qui fait que les petits poils se feutrent et restent avec les pépins dans une passoire, lorsqu'on les filtre. Faire cuire ce concentré avec du sucre, 650 g de sucre pour 1 kg de fruits et, à votre gré, un peu de cannelle aussi.

Rose centfeuilles

Rosa centifolia

Famille : Rosacées

Rose de Provins, rose de Damas, rose chou

Les roses centfeuilles ont des fleurs d'un rose éclatant, bien pleines et fortement parfumées. Elles poussaient jadis sur les pentes sud du Caucase et sont probablement un croisement naturel entre les roses de Provins (*R. gallica*) et les roses musquées (*R. moschata*). Les rosiers touffus atteignent environ 1 m de haut. On utilise surtout les pétales parfumés, ainsi que ceux des 2 autres espèces, les roses de Damas (*R. damascena* "Trigintipetala") et les roses de Provins.

Les roses de Provins, dont l'habitat naturel est l'Europe centrale, l'Europe du sud et l'Asie occidentale, ont jusqu'à 1,50 m de haut ; elles portent en juin des fleurs rouge velouté, bien pleines et très parfumées. Les roses de Damas, célèbres roses à essence de l'Orient, fleurissent de juin à septembre. Ces roses sont moyennement grosses, à moitié pleines, d'un rose pur et elles sont très parfumées. Les variétés anciennes de ces 3 espèces, n'ayant pas été greffées, sont comme les roses sauvages : on les multiplie par les stolons. On peut se procurer toutes ces espèces et variétés chez des producteurs spécialisés (voir p. 121). N'oubliez pas de vous renseigner sur leur résistance au gel, selon le climat de votre région ! Vous pouvez évidemment aussi utiliser les pétales moins parfumés des espèces sauvages citées p. 93 ainsi que les cynorhodons tels qu'ils ont été décrits.

Aide : en cas de légères diarrhées,

Le romarin aime le soleil et dégage une odeur délicieuse ; ses petites feuilles ressemblent à des aiguilles.

d'inflammations des muqueuses buccales, de blessures guérissant mal.
Constituants : tanins, acides malique et tartrique, pectine, résine, sucre.

Culture

Les roses cent-feuilles, les roses de Provins et les roses de Damas poussent dans une bonne terre humosique et argileuse. Elles ont besoin de soleil et d'humidité sans eau stagnante. Pour les soins, voir *Rosa canina* (églantier) p. 94.

Récolte, préparation, utilisation

On coupe les fleurs à moitié ouvertes, on enlève les pétales avec précaution, on les utilise frais ou bien on les fait sécher à l'ombre, et ensuite, on les conserve dans des bocaux fermés hermétiquement.
Tisane : mettre 1 poignée de pétales dans 1/2 l d'eau froide, porter à ébullition, filtrer après avoir laissé infuser pendant 15 mn. Si l'on en boit 3 tasses quotidiennement, cela aide contre les diarrhées. Une infusion 2 fois plus forte convient très bien pour rincer des muqueuses buccales enflammées, pour se gargariser en cas de maux de gorge, pour baigner des blessures et brûlures guérissant mal.
Macération à froid : mettre 30 g de pétales séchés dans 1 l d'eau froide et laisser infuser pendant 30 heures, remuer chaque jour, filtrer. C'est efficace pour rincer les plaies des muqueuses buccales.
Miel : verser 1/4 l d'eau bouillante sur 1 cuiller à café bombée de pétales, filtrer au bout de 10 mn. Mélanger avec un peu de miel. On utilise le miel de rose pour gargariser et masser le cou en cas d'inflammations de la gorge et du pharynx.
Vinaigre : laisser reposer 100 g de pétales séchés dans 1 l de vinaigre de vin pendant 12 jours, remuer chaque jour, puis filtrer. 100 g de cette lotion dans 2 l d'eau de la toilette préviennent une transpiration excessive.
Sucre : broyer dans un mortier 25 g de pétales de roses frais pour les transformer en une masse fine et homogène ; râper à travers une passoire. On obtient peu à peu 75 g de sucre en poudre. Conserver dans des bocaux en verre fermant hermétiquement. C'est très bon pour le thé et les mets sucrés.
Punch : 1 saladier de fleurs fraîches, quelques cuillers à soupe de sucre en poudre, selon le goût, 3 bouteilles de vin blanc, 1 bouteille de champagne. Enlever les tiges des roses, ainsi que les feuilles vertes. Verser le vin blanc, laisser infuser 1/2 heure. Ajouter le sucre en poudre, remuer, filtrer dans un plat à punch. Verser le reste du vin blanc gardé au frais et, une

fois sur la table, ajouter le champagne.
Liqueur : 50 g de fleurs de couleur rose, 10 g d'acide tartrique (pharmacie), 1/4 l d'eau, 500 g de sucre, 1/2 l d'esprit-de-vin à 38 % (pharmacie). Effeuiller les roses fraîchement cueillies, diluer l'acide tartrique dans 1/4 l d'eau, le mettre avec les pétales dans une grande bouteille, laisser infuser 24 heures. Dissoudre le sucre à froid, dans l'esprit-de-vin. Puis, filtrer le dépôt de roses à travers un tamis à crins et le mélanger à l'esprit-de-vin. Le faire passer à travers du papier-filtre, le mettre en bouteille, bien fermer avec un bouchon de liège. Laisser mûrir plusieurs semaines.

Romarin

Rosmarinus officinalis
Famille : Labiées
Rose marine, encensier, romarin des troubadours, herbe aux couronnes

♦ ☼ ± △ V-VII

Le romarin est un arbuste haut de 1 à 2 m, dégageant une bonne odeur, qui pousse, depuis les temps anciens, dans les pays méditerranéens. Dans l'Antiquité, c'était surtout une plante de culte, mais on l'utilisait déjà comme plante médicinale et aromatique. Au Moyen-Age, on ornait les nourrissons du romarin bénéfique, le jour de leur baptême et. encore au XIVe et XVe siècles, les mariées portaient des couronnes de romarin. Souvent, on plantait en terre un petit bout de la couronne. S'il prenait racine et poussait, cela était interprété comme un bon signe pour le jeune couple.
Aide : en cas d'états d'épuisement, surtout après les maladies infectieuses, de tension basse, de mauvaise circulation du sang, d'œdèmes corporels.
Constituants : huile essentielle (de romarin), tanin, substances amères, un peu de saponine, acides organiques.

Culture

Pour le romarin, le sol doit contenir de l'humus et ne pas être trop lourd. Pour croître pleinement, les plantes ont besoin, en outre, de soleil et de protection contre le vent. Il est vrai qu'elles ne doivent pas se dessécher, mais elles ne doivent pas être continuellement humides.

On trouve des graines dans de nombreux commerces spécialisés (voir aussi p. 121). La germination dure 4 semaines et est irrégulière ; toutes les graines ne lèvent pas, et de loin. Le développement des petits plants dure aussi assez longtemps jusqu'à ce qu'ils deviennent de vraies plantes. En fait, vous aurez moins de tracas si vous achetez au printemps des plantes jeunes ou même plus grandes ; on les trouve dans de nombreuses jardineries, sur les marchés et même souvent dans les épiceries. Selon la taille au moment de l'achat et les soins que vous leur donnez, vous pouvez peut-être espérer cueillir les petites feuilles et les pointes dès le premier été, en tous cas, sûrement au bout d'1 ou 2 années.

Plantez le romarin au jardin après les Saints de glace ou bien penchez-les dans le pot jusqu'au bord, afin que les plantes aient assez de place de tous côtés.

A partir de la 5e semaine après la plantation, on fume toutes les 2 semaines à raison de 2 g/l d'engrais organique liquide, et cela, jusqu'au début août. Lors des étés très chauds, les plantes plus anciennes font souvent des graines, qui tombent, germent en partie et commencent à pousser. Enlevez ces jeunes plantes délicatement de terre en août-septembre, veillez à ce que la motte de racines ne soit pas abîmée.

On les met alors dans des pots adéquats remplis de terre de compost sableuse.

On prend des boutures, longues de 6 cm environ, en juin, évidemment seulement sur des plantes vigoureuses. Plongez la surface coupée dans des hormones d'enracinement et mettez-les dans des petits pots avec de la terre légèrement fumée (terre de semis) et un peu de sable ou bien dans un mélange de tourbe et de sable à proportion de 1/1. Lorsque les racines se sont formées, la bouture croît et on continue à la soigner. Il est impossible de diviser le romarin.

Ces plantes sont sensibles aux gelées, aussi bien les petites que les grandes et, selon les régions, elles doivent passer l'hiver à l'intérieur. C'est pourquoi il faut retirer délicatement de la terre, début septembre, les exemplaires qui ont été plantés , pour les mettre dans les pots qui conviennent. Ils formeront alors de nouvelles racines avant d'être transportés dans la maison (ou encore mieux dans la petite serre) pour éviter les premières gelées nocturnes ; les replants et les boutures doivent aussi y passer l'hiver. La température ne devrait pas être, si possible, en-dessous de 8 °C ni au-dessus de 12 °C et il devrait y avoir beaucoup de lumière.

On ne met plus d'engrais et on arrose avec parcimonie. Je verse l'eau tous les 6 jours dans le support et j'élimine ce qui n'a pas été absorbé au bout d'une heure. Si on espace plus les séances d'arrosage, il y a trop de feuilles qui tombent.

Dans les régions au climat particulièrement favorisé et dans les emplacements protégés, vous pouvez laisser les grands pieds de romarin dehors. Buttez la terre, entourez les plantes de feuilles, mettez une housse par-dessus avec des fentes sur le côté, couvrez avec des branches de sapin en plus, en cas de fortes gelées. N'arrosez qu'en cas de grande sécheresse et seulement si le sol est découvert.

Après l'hiver, les pieds de romarin ont besoin tous les ans ou tous les 2 ans de pots plus grands et finalement d'un bac. Si l'on veut replanter au jardin, on fait le changement de pot seulement en automne. On ne taille jamais le romarin. On coupe seulement les branches mortes avec un sécateur aiguisé.

Récolte, préparation, utilisation

Cueillez les petites feuilles et les jeunes pousses juste avant la floraison et faites-les sécher rapidement, à l'ombre, ou bien au four à une température de 35 °C ou 40 °C. En été, on les emploie frais et on a besoin alors de moins grandes quantités. Ne jamais trop prendre d'une plante afin qu'elle puisse continuer à vivre et à croître.

Tisane : verser 1/4 l d'eau froide sur 1 cuiller à café bombée de feuilles de romarin, porter lentement à ébullition, filtrer aussitôt. Si l'on boit quotidiennement 1 tasse chaque matin et chaque soir, cela aide dans les états d'épuisement ; surtout après une maladie infectieuse ; cela stimule aussi la circulation et fait un drainage.

Vin : verser 1 l de vin de Moselle sur 10 ou 20 g (1 petite poignée) de feuilles de romarin dans 1 bouteille de vin. Filtrer au bout de 7 jours. La bonne dose, c'est 2 petits verres à liqueur pleins et l'effet est le même que celui de la tisane.

La sauge aux fleurs roses ou bien bleues est cultivée chez nous déjà depuis le début du Moyen-Age. La sauge est censée éloigner aussi les chenilles, les pucerons et les limaces.

Bain : mettre 50 g de feuilles de romarin dans 1 l d'eau, porter à ébullition, laisser reposer pendant 30 mn, filtrer. On ajoute ce liquide au bain chaud dont la température ne dépasse pas 37 °C. C'est tonique, cela stimule la circulation, aide dans des états de faiblesse comme l'hypotension, et c'est censé prévenir les rides. Prenez ce bain le matin parce qu'il est tonifiant alors que pris le soir pourrait porter préjudice au sommeil.
Alcool : verser 250 g d'alcool à 70 % (pharmacie) sur 50 g de feuilles de romarin, laisser reposer pendant 10 jours. Puis, presser et filtrer. Remplir des bouteilles et fermer hermétiquement. Les massages avec cet alcool stimulent la circulation sanguine. Les personnes ayant la peau sèche doivent la graisser après le massage. Si vous n'avez pas assez de plantes, ou bien si vous ne voulez pas trop les dégarnir, achetez de l'huile de romarin en pharmacie. Pour les massages, on en dilue 3 g dans 1 l d'alcool à 70 %.

Epice : les petites feuilles et petites brindilles de romarin conviennent très bien pour accompagner les viandes rôties, le gibier et la volaille, et aussi les poissons, les champignons, les plats de pommes de terre. On les fait cuire avec les plats. Nous apprécions tout particulièrement le ''poulet au romarin'' que l'on remplit de petites branches de romarin avant de le mettre au four, sans oublier non plus de le frotter extérieurement avec ces herbes. L'arôme en est tout particulier !

Sauge

Salvia officinalis
Famille : Labiées
Serve, grande sauge, herbe sacrée, thé d'Europe, thé de Provence et de Grèce.

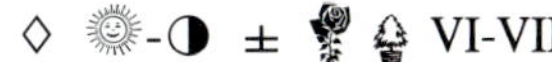

Aujourd'hui encore, la sauge couvre les pentes montagneuses de Dalmatie, du sud-est de la Serbie et de la Macédoine jusqu'à

C'est à partir de jeunes pousses de sauge, comme celles-ci, que l'on fait des boutures au mois de juin.

800 m d'altitude. Déjà dans l'Antiquité, on l'appréciait hautement comme plante médicinale et condimentaire. Le nom ''Salvia'' vient du latin ''salvere'' = guérir. On ne sait pas exactement si ce sont les Romains ou les moines bénédictins qui l'ont apportée. En tous cas, on la cultivait au début du Moyen-Age dans les jardins des cloîtres et bientôt dans les jardins paysans. Jusqu'à aujourd'hui, on trouve cette plante médicinale et condimentaire dans les jardins. A l'occasion, on la trouve à l'état sauvage au milieu des vignes.

Aide : en cas de troubles gastriques et intestinaux, de transpiration excessive, surtout à la ménopause, d'inflammation de la bouche et du pharynx.

Constituants : huile essentielle, tanins, substances amères.

Culture :

La sauge aime les sols profonds et calcaires, à demi-ombragés et elle a besoin d'être protégée contre le soleil. Au milieu d'autres cultures, ses feuilles sont plus larges et son huile a plus de valeur que si elle est exposée à un ensoleillement direct.

Si vous semez en pot en mars-avril, la germination durera une bonne semaine. Dès que vous pouvez saisir les replants, repiquez-les et, plus tard, replantez-les en pot ou en pleine terre.

Les plantes achetées ainsi que celles provenant de votre culture, ont besoin d'une distance d'à peu près 40 cm de tous les côtés et ne doivent pas être plantées plus profondément qu'au début. Arrosez, maintenez humide jusqu'à ce qu'elles redémarrent.

Les autres soins consistent à maintenir le sol meuble, à désherber, à arroser abondamment en période de sécheresse et à donner une portion annuelle de compost. Les plantes en pots ont besoin, en été, de 2 g/l d'un engrais complet ou d'en engrais organique liquide, et cela toutes les 2 ou 3 semaines.

Au bout de 4 années, vous devriez diviser votre sauge sinon elle s'étiolera et n'aura plus de feuilles. Il est important aussi de tailler les pieds vigoureux et touffus de la moitié. Faites cela de préférence au printemps, pas en automne. Il faut enlever les hampes florales au plus tard après la floraison, afin qu'il n'y ait pas formation de graines.

Couper des branches et cueillir des feuilles après la mi-août nuit aux plantes. Pour bien traverser la saison froide, les pieds de sauge doivent avoir au moins 20 cm de haut, être bien feuillus, mais aussi ne pas avoir de jeunes pousses tendres ! En hiver, la sauge a besoin de protection, presque partout dans nos régions.

Récolte, préparation, utilisation

Cueillez les feuilles et les jeunes pousses - la première année, en petite quantité - avant la floraison. Ce qui ne peut pas être consommé frais, faites-le sécher rapidement à l'ombre ou bien au four à une température ne dépassant pas 40 °C.

Tisane : verser 1/4 l d'eau froide sur 1 à 2 cuillers à café de feuilles de sauge, porter à ébullition, filtrer ; 2 à 3 tasses bues quotidiennement aident en cas de nervosité, de transpiration, de troubles gastriques et intestinaux. On utilise la même tisane en cas d'inflammation des gencives, pour faire des rinçages et des gargarismes.

Compresses et bains de vapeur faciaux avec la tisane chaude : cela resserre les pores trop ouverts et soigne la peau. Les bains complets ou partiels aident à combattre une transpiration excessive, en particulier, des mains et des pieds. A faire 2 ou 3 fois par semaine.

Epice : les feuilles de sauge fraîche vont très bien dans des salades, du beurre aux herbes, du fromage blanc ; fraîches ou séchées, elles relèvent le goût de l'anguille, des harengs, du foie, du gibier, de la volaille, du lapin, des rôtis de porc ou de viande hâchée. Elles peuvent cuire avec le plat.

Argousier

Hippophae rhamnoides

Famille : Eléagnacées

A(r)gasse, gris(s) et, saule à épines ou saule épineux, épine-blanche, faux né(r)prun, épine-luisante, épine-marante, épine-marine.

♦ ☼ ⊙ III-IV

L'argousier pousse sur les rivages de la Manche et de la mer du Nord en France, de la mer du Nord et de la mer Baltique en Allemagne, dans les montagnes d'Europe, des Pyrénées aux Balkans. Entre-temps, il est devenu si rare qu'on a dû le protéger en Allemagne *.

Cet arbuste d'environ 3 m de haut est dioïque. C'est pourquoi vous devez toujours avoir des plantes mâles et femelles si vous voulez récolter des baies. L'argousier fleurit avant la montée de la sève.

Les petites fleurs des plantes mâles se tiennent à plusieurs les unes à côté des autres. Les fleurs femelles, toutes simples, apparaissent seules et forment des grappes en forme d'épis. Plus tard des (simili-)baies se développent à partir de là ; elles sont d'un rouge orangé et ont un goût acide.

L'argousier à des racines profondes, résiste bien au vent, supporte la sécheresse, et il aide à fixer les dunes, les côteaux, les pentes, les gravières. C'est un arbre protecteur et nourricier pour les oiseaux.

Aide : en cas de refroidissements, de maladies fébriles, d'états de faiblesse, de manque de vitamine C.

Constituants : 200 à plus de 900 mg de vitamine C/100 g de fruits, selon l'emplacement, de la carotine, (provitamine A),de la vitamine B1, B2, B6, E, F, P, substances minérales, surtout du calcaire et du magnésium, acide malique et d'autres acides organiques, sucre.

Culture

L'argousier a besoin d'un sol calcaire, perméable (et aussi sableux) et de beaucoup de soleil. Il est important qu'il ait un contact avec la nappe phréatique, car c'est ce qui le rend relativement résistant à la sécheresse. Vous vous procurerez des arbres dans une pépinière. Pour 6 ou 7 arbustes femelles vous aurez besoin d'un argousier mâle. Chez les plantes poussées à partir de replants, on ne peut pas distinguer le sexe

** NdT Ce n'est pas le cas en France où elle n'est pas rare.*

Les baies d'argousier ont un aspect appétissant, mais elles sont très acides. Le mieux est de les sucrer avec du miel.

avant la 3e année. Les bourgeons des plantes mâles nettement plus grands sont serrés les uns contre les autres ; chez l'argousier femelle, ils sont plus disséminés.

La plantation est possible à la fin de l'automne aussi bien qu'au début du printemps ; on peut les planter individuellement ou bien en faire une haie épaisse, poussant librement.

Cet arbre convient très bien dans des jardins de garrigue ou devant des murs de maison ensoleillés.

A partir de la 2e année, ils n'ont plus besoin de soins particuliers.

Il faut parfois éliminer des rejets trop richement chargés (qui deviendraient trop lourds), mais, à partir d'eux, vous pouvez faire autant de replants d'exemplaires femelles que vous désirez, ce qui n'est pas possible quand on les cultive à partir des graines. Déterrez ces rejets en évitant de blesser les racines, coupez ce qui aurait été malgré tout abîmé, et replantez.

Arrosez les premiers temps en cas de sécheresse ; maintenez la terre meuble et sans mauvaises herbes.

Récolte, préparation, utilisation

On coupe les baies avec des ciseaux quand elles sont bien mûres, mais avant les premières gelées.

Jus : quand il est pressé frais, il a le maximum de valeur. Pour l'hiver, on le fait dans le presse-fruits à vapeur, on le met encore bouillant dans des bouteilles de verre foncé et on les ferme hermétiquement.

3 cuillers à soupe d'argousier chaque jour, avec ou sans miel, et aussi en mélange avec du yaourt, des milk-shake ou du fromage blanc, renforcent les défenses de l'organisme et améliorent les états de faiblesse.

L'argousier est excellent pour les enfants en pleine croissance, les femmes enceintes et les personnes âgées, qui ont toujours besoin de beaucoup de vitamines C.

Sirop non cuit : 1 kg de baies d'argousier fraîchement cueillies, 500 g de miel. Laver les baies délicatement dans l'eau froide, laisser égoutter. Puis chauffer très lentement dans une casserole en acier inoxydable avec une cuiller à soupe d'eau. Remuer toujours la casserole afin que les baies chauffent régulièrement toutes ensemble et perdent leur jus. Elles ne doivent pas cuire !

Dès qu'elles pâlissent et perdent leur forme ronde, faites-les passer dans un plat à travers une passoire fine. Ecrasez-les avec un mixer de cuisine en vitesse lente, tout en ajoutant le miel petit à petit.

A la fin, vous devez avoir un liquide épais. Versez-le dans des bouteilles chaudes et rincées, en verre foncé, fermez hermétiquement. Elles peuvent rester 5 à 6 mois au réfrigérateur. C'est bon avec du yaourt, du muesli, des mets sucrés, des milk-shakes.

Tarte : faire une gênoise que l'on coupe en deux horizontalement. Garnir de sirop d'argousier auquel on a mélangé des amandes ou des noix hâchées ainsi qu'1/4 l de crème fouettée bien ferme.

Milk-shakes : battez ou bien mixez 1 tasse de lait entier refroidi, 2 cuillers à soupe de jus ou de sirop d'argousier, 1 petit morceau de banane, 1 jaune d'œuf, 1 cuiller à soupe de crème fraîche.

Cette boisson a un effet fortifiant et rafraîchissant qui convient tout à fait à des convalescents.

Achillée millefeuille

Achillea millefolium

Famille : Composées

Mille-feuille, saigne-nez, sourcils de Vénus, herbe à charpentier, herbe à la coupure, herbe de Saint Joseph, herbe aux militaires.

♃ ☼ ✂ VI-X

L'achillée millefeuille pousse librement en Europe et en Asie occidentale, dans le Caucase et dans le Nord de l'Iran. On la trouve au bord des chemins, à la lisière des prés, sur les prairies alpestres et dans les éboulis, de la plaine jusqu'à 2 700 m d'altitude. Cette plante était déjà populaire dans les anciens temps comme plante médicinale, et on l'utilisait à la place du houblon dans les brasseries. Dans le Allgäu, l'achillée millefeuille fait partie du bouquet de plantes consacré lors de l'Assomption.

Aide : en cas de troubles gastriques, biliaires et intestinaux, de manque d'appétit, de menstruations douloureuses, de petites blessures et de petites plaies.

Constituants : huile essentielle avec des azulenogènes, substances amères, tanins, résine, inuline, asparagine, gomme, potassium.

Culture

L'achillée millefeuille ne supporte pas l'eau stagnante. Ses exigences par rapport au sol sont minimes : ce qui est important, c'est d'avoir beaucoup de lumière et de soleil.

Vous vous procurerez les graines dans le commerce spécialisé (voir aussi p. 121). Vous pouvez acheter des variétés décoratives aux fleurs rouge foncé, comme 'Red Beauty', 'Cerise Queen' et 'Kelway' dans des jardineries de plantes vivaces. On multiplie ces variétés par division, parce que les replants ''se fendent'' (ils ont les qualités des ''ancêtres'') et sont souvent moins bien colorés que les parents.

Le temps du semis est avril-mai ; on

L'achillée sauvage est aussi belle que les variétés de jardin.

sème dans des jardinières ou dans une planche protégée, bien préparée, à la terre finement grumeleuse. Traiter les graines comme c'est décrit p. 27. Même dehors, il suffit de presser un peu et d'humidifier avec précaution avec une pomme d'arrosage très fine ou un pulvérisateur et d'entretenir l'humidité. Un film plastique les protège jusqu'à la germination des fortes variations de l'humidité du sol. Cependant, contrôlez chaque jour.

A 20 °C la germination dure 2 à 3 semaines ; ensuite, il vaut mieux avoir une température autour de 15 °C. Replantez-les dès que c'est possible.

On replante en plein air des plants qui ont grandi en pot au bout de quelques semaines ; ils doivent avoir une motte bien humide et environ la hauteur d'une main. Au printemps, on divise les pieds les plus anciens et on les replante (40 × 40).

Après avoir démarré leur croissance, ils ont rarement besoin d'être arrosés. Comme engrais, il suffit de leur donner, au printemps, un peu de compost ou d'engrais organique du commerce : on peut éventuellement en donner aux variétés décoratives, 3 g/l environ, en avril, en mai et en juin.

Récolte, préparation, utilisation

On coupe la plante en fleur à hauteur d'une main au-dessus du sol, 2 fois pendant l'été ; on attend un bon moment avant la 2e fois. Si vous avez planté beaucoup d'achillée dans un but décoratif, contentez vous peut-être de prendre celles qui ne sont pas dans le champ de vision et laissez fleurir celles qui se trouvent devant. Lorsque vous coupez, enlevez les tiges ligneuses et dures, liez les autres en une botte et faites-les sécher à l'ombre ou bien au four, pas au-dessus de 40 °C.

Tisane : verser 1/4 l d'eau bouillante sur 2 cuillers à café bombées d'achillée millefeuille, filtrer au bout de 15 mn. 2 à 3 tasses moyennement chaudes, bues quotidiennement, aident en cas de manque d'appétit et de nombreux troubles gastriques, biliaires, mais aussi en cas de menstruations douloureuses. L'huile essentielle contenant de l'azulène a une action désinfectante, antiseptique, antispasmodique. On emploie la tisane en usage externe pour soigner les petites plaies et blessures.

Les personnes ayant une réaction allergique à l'achillée - le cas est rare - devront arrêter la cure de tisanes dès les premiers symptômes. De même pour le jus.

Jus : on le fabrique avec un presse-jus spécial (quincaillerie, maison de régime). Il a la même action que la tisane.

Epice : l'achillée est une bonne épice pour accompagner les plats gras qu'elle rend plus digestes. On mélange de jeunes feuilles d'achillée hâchées avec du fromage blanc et on en saupoudre les salades, les soupes et les potées, juste avant de servir.

Fleur pour vase : l'achillée fait très bel effet dans les bouquets colorés de l'été.

Produit de conservation : dans de nombreux pays, on suspend un petit sac contenant des graines d'achillée millefeuille dans les tonneaux, pour conserver le vin.

Prunellier

Prunus spinosa

Famille : Rosacées

Epine noire, buisson noir, prunier épineux, belloce, pellocier, beloche, argoche

 IV-V

Les prunelliers poussent en Europe et au

Les prunelles ne sont vraiment bonnes qu'après les premières gelées.

Proche-Orient, dans le Caucase et en Afrique du nord ; chez nous, on les trouve surtout en lisière des prés, des champs et des forêts. Grâce à leur système radiculaires étendu, ils aident à fixer les talus et les pentes sèches, à reverdir les éboulis et les décombres. Les arbustes, qui ont jusqu'à 3 m de haut ont des fleurs parfumées et sont mellifères ; ils offrent, en outre, protection et nourriture aux oiseaux. Ils protègent aussi contre le vent et les amas de neige. Ils sont particulièrement beaux lorsqu'ils poussent librement et forment des haies impénétrables, mais ils supportent aussi d'être taillés.

On utilise, à des fins médicinales, les fleurs, les feuilles et les fruits.

Aide : en cas de légère constipation, d'œdème corporel (fleurs et feuilles) et de manque d'appétit (baies).

Constituants : glucoside nitré, un peu d'amygdaline, des dérivés de la coumarine, flavonoïdes (fleurs) ; en outre, tanins et substances amères (feuilles), acides, vitamines C (baies).

Culture

Les prunelliers ont besoin d'un sol argileux, calcaire, perméable, sableux ou un peu pierreux et le plus de soleil possible.

On en trouve dans le pépinières. Pour 1 haie taillée d'1 m de largeur, vous avez besoin de 3 arbustes ayant été replantés 2 fois. ou bien de 4 ou 5 arbustes ayant été replantés 1 fois. Les prunelliers destinés à des haies de fleurs et de fruits poussant librement, ont besoin de plus de place ; il faut compter 2 m d'un arbuste à l'autre.

Plantez-les dans le sol (voir p. 33) et arrosez-les. En été, vous devrez continuer à donner de l'eau surtout si le temps est sec, et aussi à désherber et à maintenir le sol meuble. A partir de la 2e année, ils supportent la sécheresse et il n'y a pratiquement plus de soins à donner.

Récolte, préparation, utilisation

On cueille les fleurs juste après la floraison et les jeunes feuilles après le flétrissement des arbustes. Il faut les faire sécher vite, car elles ne doivent pas changer de couleur. On doit attendre les premières gelées avant de les cueillir. La plupart du temps, on les prépare fraîches, mais on peut aussi les faire sécher au four.

Tisane : verser 1/4 l d'eau froide, sur 2 cuillers à café bombées de feuilles ou de fleurs séchées ou d'un mélange des 2 ; porter lentement à ébullition, filtrer. 2 tasses bues quotidiennement sans sucre, ont une action légèrement laxative mais aussi désintoxicante.

Confiture : laver les prunelles et les laisser reposer toute la nuit dans l'eau froide ; le lendemain, jeter l'eau. Pour 1 kg de baies, ajouter 1/4 l de vin blanc et 1/8 l d'eau, laisser cuire jusqu'à ce qu'elles ramollissent, passer à travers une passoire. Pour 1 kg de purée de prunelles, ajouter encore 1/4 l de vin blanc, et aussi 1 375 g de sucre. Faire cuire jusqu'au "test-confiture" *, remplir aussitôt les pots et fermer hermétiquement. Cela stimule la production de suc gastrique, aide en cas de manque d'appétit ; c'est une bonne chose surtout pour ceux qui "boudent" le petit-déjeuner.

Jus : mettre les prunelles lavées et égouttées dans un plat et les recouvrir d'eau chaude. Verser le jus rouge obtenu au bout de 2 jours. Pour 1 l de jus, ajouter 500 g de sucre, faire bouillir et écumer plusieurs fois sans cesser de remuer, verser aussitôt dans des bouteilles en verre teinté que vous aurez préparées d'avance, fermer hermétiquement. Le jus aussi, pris le matin au lever à raison d'1 cuiller à soupe, a un effet positif sur le manque d'appétit.

** NdT 1 goutte versée sur 1 assiette mise en biais doit être assez épaisse pour ne pas couler.*

Liqueur : 250 g de prunelles, 3/4 l d'une bonne eau-de-vie de vin, environ 3 cuillers à soupe de sirop de betterave à sucre (en maison de régime). Laver les baies, les laisser égoutter, les broyer au mixer avec les pépins. Verser cette marmelade dans des bouteilles d'1 l en verre teinté, ajouter l'eau-de-vie de vin, laisser reposer au chaud pendant 6 à 8 semaines, en secouant souvent. Pour terminer, filtrer et sucrer à votre guise, avec le sirop de betterave. Laisser reposer plusieurs semaines.

Marmelade : la préparer comme ci-dessus, mais sans sucre et la passer à travers une passoire fine. Avec un peu de vin, elle raffine les sauces pour le gibier et les ragoûts de porc ou de bœuf.

Prunelles confites : confire les baies mûres avec du vinaigre de vin et du sucre, mettre en bouteille. Cela donne un accompagnement relevé pour la viande.

Rose trémière

Alcea rosea (syn. Althaea rosea)

Famille : Malvacées

❷ ± VII-IX

Les roses trémières sont probablement originaires de l'est du bassin méditerranéen. Entre-temps, elles se sont répandues dans toutes les parties du monde. Chez nous, on les connaissait tout d'abord comme plantes décoratives dans les jardins paysans, et plus tard, dans d'autres jardins. Mais leur emploi à des fins médicinales a aussi une longue tradition dans la médecine populaire.

Aide : en cas de toux sèche, d'enrouement

On trouve encore souvent de nos jours, des mauves dans les jardins paysans bien entretenus.

de diarrhées, de troubles gastriques, d'inflammations de la bouche, du pharynx et de la gorge et de petites blessures.
Constituants : mucilages, substances minérales, substance colorante à l'anthocyane, tanins et substances amères, amidon, phytostérine.

Culture

Les roses trémières ont besoin d'un sol meuble, profond, riche en substances nutritives, sans eau stagnante. Leur emplacement doit être ensoleillé et protégé, et cependant bien aéré.

On trouve les graines dans le commerce spécialisé. Vous avez le choix entre des variétés à fleurs simples et d'autres à fleurs doubles, et entre divers coloris : rouge carmin, rouge cerise, rose profond, rose saumon, bleu lilas.

On sème en mai-juin dans des coupes et on repique une fois. Plus tard, vous replanterez les petites mauves par groupe de 5 ou 6, distance 50 à 60 cm de tous les côtés pour chaque plante. Lorsqu'elles sont plus serrées, elles attrapent facilement la rouille des mauves et fleurissent alors à peine. Elles font le meilleur effet juste devant une clôture ou les murs de la maison. Par temps de sécheresse, il faut les arroser abondamment, aussi bien les jeunes que celles qui sont en fleurs. En hiver, on les protège avec des brindilles de sapin. L'année suivante, elles refleurissent.

Récolte, préparation, utilisation

Cueillez les fleurs entièrement ouvertes, avec le calice, faites-les sécher à l'ombre le plus vite possible.
Tisane : verser 1/4 l d'eau bouillante sur 2 cuillers à café de fleurs coupées en petits morceaux, laisser infuser 10 mn, filtrer. Si on sucre cette tisane avec 1 cuiller à soupe de miel et qu'on la boit 3 fois par jour, elle aide à combattre la toux sèche et l'enrouement ; sans sucre, les troubles gastriques légers. On peut s'en faire un gargarisme en cas d'inflammation de la gorge, se rincer la bouche si on a les muqueuses buccales enflammées : elle a fait ses preuves aussi pour les compresses à appliquer sur des blessures.

Petite centaurée

Centaurium erythraea

Famille : Gentianacées

Erythrée, herbe à mille florins, herbe à la fièvre, fiel de terre, herbe au centaure, herbe à Chiron, gentianelle

❶-❷ ◑ ±

L'habitat de la petite centaurée, c'est l'Europe, l'Asie occidentale, l'Asie centrale, l'Afrique du nord et elle s'est acclimatée en Amérique du nord. Elle pousse dans les clairières ensoleillées, au bord des chemins et en montagne, cachée entre les herbes et jamais en très grand nombre. Elle est en partie protégée. Vous n'avez pas le droit de cueillir la plante, ni le rhizome, mais seulement quelques fleurs *. D'ailleurs, vous devriez renoncer aussi seulement à cela, à cause des graines ! Les fleurs d'un rose éclatant, qui ne s'ouvrent que le matin, lorsque le soleil brille, attirent beaucoup de papillons : les hespérides, les damiers, les sphynx, les lycénides.
Aide : en cas de manque d'appétit, de faiblesse de la digestion, d'affections biliaires, d'états d'épuisement physiques et psychiques.

**NdT Ce n'est pas le cas en France où elle n'est pas rare.*

La petite centaurée est apparentée à la gentiane. Vous pouvez la reconnaître à la forme des fleurs.

Constituants : glycosides de substances amères.

Culture

La petite centaurée croît sur les sols calcaires argileux, mais aussi sableux et marécageux, avec de l'humidité suffisante, mais sans eau stagnante.

Les graines sont toutes fines, comme des grains de poussière ; vous les trouverez dans le commerce spécialisé (vour aussi p. 121).

Mettez-les en mars-avril dans des coupes remplies de terre humide (de la terre de semis sur un peu de sable grossier). Qu'elles y soient aussi finement réparties que possible. Ne pas couvrir, mais tasser seulement un peu et humidifier avec un pulvérisateur fin ou de la manière décrite sous l'illustration de la p. 28, sinon les graines disparaîtront vite dans la terre.

La petite centaurée germe au bout de 10 à 14 jours, à la lumière et à la température ambiante. Lors d'une expérience de germination dans l'obscurité, les graines n'avaient pas encore germé au bout de 3 ans, sans d'ailleurs, avoir perdu leur force germinative.

Repiquer au bout de 4 semaines environ ; cela aidera les petits plants à pousser vigoureusement. Ce travail un peu fatigant sera récompensé. N'oubliez pas de mettre une fine couche de sable grossier sous la terre, dans la caisse où vous repiquez !

On peut aussi semer des petites centaurées dans une prairie. Pour cela, on mélange les graines avec de la terre de compost mûre et fine, on les répand en couche mince sur le gazon humide et on passe le rouleau.

On met les replants du semis de printemps en pleine terre au mois d'août, entre des herbes vivaces ou annuelles, distance 20 × 10 cm. Les plantes du semis de juin passent l'hiver, après avoir été repiquées, dans leur caisse enfoncée en terre presque jusqu'au bord, soit dans une couche non chauffée, soit dans une planche sous des brindilles de pin ou un film plastique. Aérer la couche au moyen d'une cale réglable. Protéger aussi les caisses à la fin de l'hiver avec des branches de sapin ou un film plastique contre les brusques changements de température. On ne mouille un peu la terre que si c'est vraiment nécessaire, au moment du dégel. Donner alors au printemps un engrais liquide, avant de replanter, à raison de 1 g/l. Ne pas oublier d'arroser ensuite à l'eau claire !

Les plantes qui ont passé l'hiver au chaud ne fleurissent pas ; sans protection, la petite centaurée gèle dehors. La petite centaurée est apparentée à la gentiane. Vous pouvez la reconnaître à la forme des fleurs.

Récolte, préparation, utilisation

Afin que la plante soit déjà un peu desséchée, on la récolte en plein soleil, aux premières heures de l'après-midi. On la coupe au-dessus de la rosette, on en fait un bouquet et on la suspend dans un endroit aéré et ombragé.

Tisane : verser 1/4 l d'eau froide sur 1 cuiller à café de plante, laisser reposer pendant 6 à 10 heures en remuant de temps en temps, filtrer et, seulement alors, la faire chauffer pour la boire. 1 tasse bue sans sucre avant les repas principaux aide en cas de manque d'appétit, d'insuffisance des sécrétions gastriques, de perturbations du processus de digestion, prévient les coliques biliaires et combat l'épuisement nerveux chez les personnes surmenées physiquement et psychiquement. Elle est censée apaiser aussi les migraines.

Thym

Thymus vulgaris

Famille : Labiées

Pote, farigoule, frigoule, barigoule, mignotise des Genevois.

◊ ☼ ⚘ ± VI-IX

Le thym pousse librement dans les garrigues et les régions buissonneuses du bassin méditerranéen occidental jusqu'à une altitude de 1 000 m.

Déjà les Sumériens de Mésopotamie évoquaient cette plante médicinale et condimentaire dans un écrit du Ve siècle av. J.-C. En Egypte, on utilisait des extraits de thym comme parfum et pour embaumer les morts. Le nom vient du grec "thymos" = force. Le thym était caractéristique du paysage attique. "Sentir le thym" était, dans la Grèce ancienne, un grand compliment sur le style d'un écrivain.

Cette plante nous a probablement été apportée par les moines bénédictins.

Aide : en cas de troubles spasmodiques de la digestion et de diarrhée, sous forme de tisane ; en cas de bronchite, de refroidissement, d'états grippaux, exactement comme en cas de crises d'asthme, sous forme de tisane et de bain.

Constituants : huile essentielle, avec jusqu'à 50 % de thymol, carvacrol, borneol, cymol, tanin, glucoside, résines.

Culture

Le thym pousse dans des sols de jardin légers et soignés, mais aussi dans une terre plus sèche, plus pierreuse, plus pauvre en substances nutritives. Les sols lourds doivent être ameublis avec un bon apport de sable et de compost. Il est, en outre, important de le protéger du soleil et du vent.

On peut acheter des plants tout prêts. Le thym d'hiver ou "thym allemand" pousse plus lentement que le thym d'été ou "thym français", mais il est plus résistant aux gelées. Sous des climats rudes, il peut passer l'hiver dehors sous une couverture de brindilles. Gardez plutôt le thym d'été dans une jardinière ou dans un pot, sur le balcon ; mettez-le en hiver au grenier, dans un endroit aéré, clair, frais, à l'abri des gelées. On replante toujours après les Saints de glace, distance 20 × 20 cm.

Ne jetez pas les pieds anciens mais divisez-les en début de saison. C'est facile, parce que les pousses basses forment déjà des racines. Avant, il faut rabattre tous les sujets à 5 cm de hauteur. Plantez fermement, un peu plus profondément qu'avant, arrosez abondamment et maintenez humide jusqu'à ce que la croissance reprenne.

On fume le thym d'hiver en pot toutes les 6 semaines avec 2 g/l d'engrais organique liquide, mais seulement jusqu'en juillet. Si ses pousses sont encore tendres, il passera mal l'hiver. Vous pouvez fumer le thym d'été pas plus tard qu'en août.

Le thym est une épice forte, ainsi qu'une plante mellifère et médicinale. Le plus connu de ses constituants est le thymol, un désinfectant puissant.

Récolte, préparation, utilisation

Dès que le thym fleurit, on coupe les pousses de quelques centimètres, et pas plus tard que le début septembre, afin que les plantes ne souffrent pas. Faire sécher rapidement à l'ombre ou bien au four à une température ne dépassant pas 40 °C.

Tisane : verser 1/4 l d'eau froide sur 1 cuiller à café bombée de thym broyé, porter à ébullition et filtrer aussitôt. 3 tasses moyennement chaudes, bues quotidiennement, aident en cas de difficultés de digestion, de phénomènes de fermentation, de troubles spasmodiques de la digestion et en cas de diarrhée.

La tisane de thym sucrée au miel est un bon remède contre la toux convulsive, la bronchite chronique et aigüe, les crises d'asthme, mais elle arrête aussi souvent des débuts de maladies avec état fébrile.

Bain : verser 1 l d'eau bouillante sur 100 g de thym, laisser infuser 20 mn, filtrer. Verser ce liquide dans le bain. C'est précieux en cas de refroidissement, surtout de bronchite et de toux sèche mais aussi d'asthme et de rhumatisme.

Epice : avec sa saveur poivrée, le thym accompagne très bien la viande hâchée, les boulettes de foie, le poisson grillé, les plats de tomates et de pommes de terre, mais aussi, si on le broie finement, le fromage blanc et les crudités. Les malades du foie et de la vésicule biliaire le digèrent très bien.

Aspect phytosanitaire : l'odeur du thym chasse la piéride du chou.

Remarque : le serpolet (*Thymus serpyllum*), qui lui est apparenté, résiste aux gelées et a les mêmes exigences de culture que le thym. Mais la tisane doit infuser 10 mn avant d'être filtrée. Non sucrée, elle aide en cas de troubles gastriques et intestinaux ; sucrée avec du miel, en cas de toux sèche et de coqueluche. Les constituants du serpolet sont l'huile essentielle, un peu de tanin, des substances amères et un flavonoïde.

Violette

Viola odorata

Famille : Violacées

Violette de mars, fleur de mars, violette odorante, violette de Carême, violette des haies.

♃ ◑-● III-IV (VII-IX)

La violette dont l'habitat naturel est l'Europe occidentale, le bassin méditerranéen, le Caucase et l'Afrique du nord, s'est acclimatée depuis longtemps en Europe centrale et à l'est de l'Amérique du nord. On la trouve à l'ombre de bosquets clairsemés sur des sols humosiques calcaires.

Les Grecs et les Romains en tressaient des couronnes dont ils se ceignaient le front durant les fêtes ; cela était censé dissiper les maux de tête dus à l'ivresse. Ses vertus thérapeutiques étaient déjà connues d'Hippocrate, de Pline et de Sainte Hildegarde. Le peuple aimait cette petite fleur odorante, symbole de modestie. Elle a une grande place dans la poésie. L'essence de violette est utilisée comme parfum dans le monde entier.

Aide : en cas de bronchite, coqueluche, d'inflammation de la gorge, d'impuretés de la peau.

Constituants : saponine,substances amères, un glucoside, salicylate de méthyle, odoratine.

Culture

Les violettes poussent dans des sols humosiques légers et calcaires, au pied de haies feuillues ou d'autres arbres. Elles ont besoin d'être protégées d'un ensoleillement direct, mais dépérissent si elles sont trop à l'ombre ou bien encore sous des arbres à racines plates comme les bouleaux.

On sème mi-février dans des caisses qui doivent rester au moins pendant 4 semaines à des températures entre 0 °C et + 5 °C. Puis, on augmente la température à + 18 °C et on peut espérer voir les premiers petits plants 4 semaines plus tard environ. Ils ne viennent pas tous en même temps et, pour 100 graines, on aura, dans le meilleur des cas, 40 petits plants, et, la plupart du temps, beaucoup moins.

Il est donc bien plus simple d'acheter les 10 ou 20 premiers plants. Il en faut un bon nombre, car ces plantes se sentent bien au milieu d'un grand groupe. Vous vous les procurerez, par exemple, dans des jardineries de plantes vivaces. Si les conditions extérieures sont réunies, les violettes se multiplieront par les stolons qui courent sur le sol et forment aussitôt des racines. Vous trouverez aussi souvent des violettes à des

A côté des roses et des œillets, les violettes sont bien nos fleurs préférées. Cependant nous savons bien peu de choses de leurs vertus curatives.

places inattendues, mais bonnes. Les fourmis du jardin transportent les graines pourvues d'une "petite remorque", mangent ce morceau de choix et laissent la graine derrière elles.

Vous pouvez aussi évidemment couper les stolons enracinés et diviser les plantes devenues grandes après la floraison. Mettez-les individuellement dans des pots remplis de terre humosique ou de terre toute prête faiblement fumée jusqu'à ce qu'elles s'enracinent et qu'elles recommencent à croître ; placez-les à un endroit protégé et éclairé, à l'ombre. Maintenez la terre humide ; en cas de temps chaud et sec pulvérisez-les finement. On les replante avec leur motte entière et bien humidifiée, distance 25 × 25 cm. Désherbez souvent jusqu'à ce que tout le groupe ait bien poussé ensemble. Il est nécessaire d'arroser et de pulvériser en cas de sécheresse, même plus tard. Vous ne devriez laisser fleurir les plantes en pots qu'une seule fois avant de les mettre au jardin. Les violettes ne sont pas des plantes d'appartement.

Récolte, préparation, utilisation

On cueille les violettes lors de la floraison et on les fait sécher à l'ombre.

Tisane : verser 1/4 l d'eau froide sur 2 cuillers à café bombées de violette, porter à ébullition, laisser infuser 5 mn, filtrer. 2 à 3 tasses sucrées avec du miel et bues quotidiennement aident en cas de bronchite et adoucissent la coqueluche. La tisane non sucrée est un bon gargarisme en cas d'inflammation de la gorge et convient très bien pour nettoyer les impuretés de la peau. Sucrée ou non, c'est une tisane dépurative dont on peut faire une cure au printemps.

Sirop : verser dans une bouteille 1/4 l d'eau bouillante avec 1 tasse de fleurs de violettes fraîches. Filtrer au bout de 24 heures, chauffer, verser sur une 2e tasse pleine de fleurs de violettes fraîches. Filtrer de nouveau au bout de 24 heures, y mélanger la même quantité de miel. Pris à la petite cuiller, ce sirop aide en cas de bronchite et de toux, même pour la coqueluche.

Punch : 1 tasse pleine de fleurs de violettes fraîches, l'écorce d'une orange non traitée, 100 g de sucre en poudre, 2 bouteilles de vin blanc, 1 bouteille de champagne. Enlever les tiges des violettes, mélanger les fleurs avec l'écorce d'orange et le sucre dans un peu de vin blanc et laisser reposer pendant 4 à 6 heures. Filtrer, mettre le reste du vin. Ajouter le champagne bien frais juste avant de servir.

Et, pour terminer, encore quelque chose du livre de recettes de mon arrière-grand-mère :

Vinaigre de violette : on met 3 ou 4 poignées de violettes odorantes avec un bon vinaigre de vin dans une bouteille bien fermée ; on la place au chaud près du poêle ou à un endroit près de la fenêtre où le soleil se reflète, et on attend pendant 3 semaines que la distillation se fasse. Puis, on le fait passer à travers du papier gris et on le met, bien fermé, dans un endroit frais pour le conserver. Ce vinaigre est indiqué notamment pour les sauces et les ragoûts ; il est recommandé de le donner à boire aux malades. On leur en donne 1/2 cuiller à soupe avec un peu de sucre dans 1 verre d'eau.

L'amertume de l'absinthe est proverbiale, mais elle aide, aux doses prescrites, dans de nombreuses affections.

Absinthe

Artemisia absinthium

Famille : Composées

Grande absinthe, aluine, alvine, herbe sainte, herbe des vierges, herbe aux vers.

 VII-IX

L'absinthe pousse librement en Europe, en Asie et dans le bassin méditerranéen. Elle s'est acclimatée en Amérique du Nord. On la trouve à des endroit secs et herbeux ; elle est souvent avec l'armoise.

En Egypte, on l'utilisait déjà, il y a 3 000 ans, à des fins médicinales. Les médecins de l'Antiquité et du Moyen-Age la connaissaient bien.

Aide : en cas de faiblesse de la digestion, de flatulences, de lourdeur d'estomac, de manque d'appétit, de troubles biliaires, d'absence de forces de défense, de vers et de rhumatismes.

Constituants : substances amères, huile essentielle, tanins.

Culture

L'absinthe a besoin d'un sol de jardin humosique et calcaire, sans eau stagnante et aussi de beaucoup de soleil. Comme elle perturbe la plupart des autres plantes, en raison de son absinthine qui se répand alentour quand il pleut, elle doit être le plus possible seule ou bien avec de l'armoise.

Si vous semez en mars-avril dans des petits pots, vous verrez la germination se faire au bout de 2 semaines à une température de 15 °C à 18 °C. Il est plus simple d'acheter 1 pied d'absinthe ; cela suffit pour une famille moyenne. En cas de besoin, vous pouvez faire des boutures (voir p. 32) au mois de juin.

Au bout de quelques années, on divise de toutes façons les vieux pieds d'absinthe et on les replante. Distance indispensable dans chaque cas : 45 × 45 cm. Arrosez abondamment après la plantation ! Arrosez la 1re année en cas de sécheresse. Avant l'hiver on butte légèrement l'absinthe. Après l'hiver on donne un peu de compost et on rabat la plante à 1/3 de sa moitié.

Dans une grande jardinière (10 l) vous pouvez garder un pied d'absinthe pendant 3 ans environ, en le soignant bien. Ne pas mettre l'absinthe sur le compost.

Récolte, préparation, utilisation

On coupe les pousses tendres du haut avec les toutes petites fleurs jaunes, on en fait un bouquet et on le suspend à l'ombre pour le faire sécher. Si on le fait sécher au four, il ne faut pas dépasser une température de 40 °C.

Tisane : verser 1/4 l d'eau bouillante sur 1 cuiller à café d'absinthe, séchée et coupée, filtrer au bout de 10 mn. Buvez 1 tasse en cas de besoin ou bien après chaque repas ; cela aide en cas de faiblesse de la digestion, de flatulences, de lourdeur d'estomac et de manque d'appétit, surtout si cela est dû à une vésicule biliaire irritée. Mais cette tisane augmente aussi les défenses de l'organisme, chasse les vers et combat les rhumatismes.

Ne jamais sucrer la tisane d'absinthe, parce que cela en diminue l'efficacité sans enlever l'amertume du goût. Mélangez-la plutôt avec de la menthe poivrée ; versez 1/4 l d'eau sur 1/2 cuiller à café d'absinthe et 1/2 cuiller à café de menthe poivrée et filtrez au bout de 10 mn.

Important : ne jamais dépasser les doses prescrites, sous peine d'avoir des effets secondaires négatifs. Chez les femmes enceintes, l'absinthe peut provoquer une fausse-couche. Attention à la liqueur d'absinthe qui peut conduire à des lésions irréversibles du cerveau !

Epice : un petit bouquet d'absinthe rend les viandes grasses, surtout l'oie rôtie, plus digestes et leur donne une note relevée. Mais il suffit vraiment de mettre 3 ou 4 pousses tendres de 6 cm de long environ ! Là aussi, les femmes enceintes devraient éviter d'assaisonner des plats à l'absinthe.

L'hellebore fait partie des plantes médicinales très toxiques, qui ne doivent jamais entrer dans la pharmacopée familiale.

Plantes médicinales toxiques

Aconitum napellus : Aconit, napel, capuchon, capuze des moines, casque de Jupiter, casque bleu, char de Vénus.
Colchicum automnale : Colchique.
Convallaria majalis : Muguet.
Daphne mezereum : Mézéréon, bois-joli, bois-gentil, garou, garoutte, cancerille.
Digitalis purpurea, D. lanata, D. lutea : Digitale pourprée, gant de bergère, gant de Notre-Dame, gantière, gantelée.
Helleborus niger (et autres) : Hellébore noir, rose de Noël, herbe de feu.
Laburnum anagyroides : Aubour, cytise, faux ébénier, bois de lièvre.
Nerium oleander : Laurier rose, nérier à feuilles de laurier.
Papaver somniferum : Pavot, œillette.

Toutes les plantes toxiques peuvent conduire à de graves maladies ou même à la mort, si on les utilise comme remède familial. Seul, le médecin peut y avoir recours, sous forme de préparations toutes faites, avec des indications précises concernant les doses à prendre. Il existe même des plantes médicinales normalement pas toxiques, aux effets secondaires dangereux si les prescriptions de dosage ne sont pas respectées.

Adresses utiles

Plantes médicinales ou aromatiques de culture bio-dynamique

Conard Claude (vente marché Bd Raspail, Paris)
74, rue Jean Jaurès
91300 MASSY
Tél. : (1) 69 20 98 61 – 69 34 47 14
68 52 70 66

Drai Patrice (vente par correspondance)
Domaine d'Eyssal
LIORAC SUR LOUYRE
24520 MOULEYDIER
Tél. : 53 23 21 20

von Keyserling Albrecht (vente directe)
Bordeo
20230 SAIN NICOLAO – CORSE
Tél. : 95 38 46 04

Laine Philippe (vente directe)
"Landevigne" Route du Grand Pré
44860 St AIGNAN de GRAND LIEU
Tél. : 40 31 06 17

Thinus Hervé (vente marché Coude s/Noireau)
GAEC de Prepetit
14110 PROUSSY
Tél. : 31 69 10 28

Vallet Didier (vente directe)
Le mas de Jammes
MALEVILLE
12260 VILLENEUVE D'AVEYRON
Tél. : 65 81 72 62

Graines de culture biologique

Le Biau – Sylvia Schmid
47360 MONTPEZAT

Seminat : BP 236 – 68110 ILLZACH

Rosiéristes
(roses anciennes)

Boureau Bernard
28 bis, rue du Maréchal-Gallieni - BP 8
77166 GRISY-SUISNES
Tél: (1) 64.05.91.83

EVE, Les Roses Anciennes de André Morailles
45300 PITHIVIERS LE VIEIL
Tél. : 38 30 01 30 Fax : 38 30 71 65

Analyses du sol

Institut National de la Recherche Agronomique – Laboratoire d'Analyse des Sols
273, rue de Cambrai
62000 ARRAS

Laboratoires Associés de Recherches Agricoles
271, avenue de Grande-Bretagne
31300 TOULOUSE

NOMS DE PLANTES FRANÇAIS OU USUELS

NOMS BOTANIQUES

INDEX

Bibliographique

Bomme, U. : Merkblätter Heil-und Gewürzpflanzen. Hrsg. : Bayr. Landesanstalt für Bodenkultur und Pflanzenbau, Weihenstephan.

Keipert, K. : Beerenobst, Verlag Eugen Ulmer, Stuttgart 1981.

Pahlow, M. : Das große Buch der Heilpflanzen. Verlag Gräfe und Unzer, München 1985.

Reuß, P. : Kochen mit Wildpflanzen, Verlag Wilhelm Heyne, München 1980.

En français :

Les bonnes adresses de la bio 1992, Editions Nature et Progrès
BP 6 – 69921 Oullins Cedex

Haase, M. : Cultures associées, Editions Ulmer, A.G.E., 92350 Le Plessis-Robinson, 1991.

Lippert, F. : Utilisation des plantes aromatiques et médicinales, Ed. Trédaniel

Pelikan, W. : L'homme et les plantes médicinales, Tomes I, II, III, Ed. Triades

Crédit iconographique

Dessins :

Helmut Flubacher, Fellbach (d'après un projet de l'auteur) : pages 14, 26, 30 (en bas), 31, 32

Claudia Hosslin, CH-Therwil : pages 18, 28, 30 (en haut), 33, 34, 35, 38

Gisela Tambour, Göttingen : pages 16, 27

Photos :

Geduldig, E., Vaihingen/Enz : pages 23, 69, 75, 77, 96, 102, 116.

Laux, H.E., Biberach : photo de couverture, pages 6, 7 (en haut), 51, 61, 64, 73.

Mierswa, D., Regensburg : page 29.

Reinhard, H., Heiligenkreuzsteinach : pages 2, 13, 40, 44, 48, 57, 67, 71, 79, 85, 92, 94, 104, 108, 110, 112, 119.

Schacht, W., Frasdorf : page 120.

Seibold, H., Hannover : pages 45, 60, 81, 83, 114.

Seidl, S. : pages 7 (en bas), 47, 50, 53, 55, 62, 98, 106.

Wetterwald, M.-F., Offenburg : page 39.

Wothe, K., Gauting : pages 87, 89, 101.